Le Corbusier: Quartiers Modernes Frugès

Marylène Ferrand, Jean-Pierre Feugas,
Bernard Le Roy et Jean-Luc Veyret

Le Corbusier: Les Quartiers Modernes Frugès
The Quartiers Modernes Frugès

Fondation Le Corbusier, Paris
Birkhäuser Publishers Basel · Boston · Berlin

Translation from French into English: Sarah Parsons, Paris

A CIP catalogue record for this book is available from the Library of Congress, Washington D.C., USA

Deutsche Bibliothek Cataloging-in-Publication Data

[Le Corbusier: les Quartiers Modernes Frugès] Le Corbusier: les Quartiers Modernes Frugès, the Quartiers Modernes Frugès / Fondation Le Corbusier. Marylène Ferrand ... [Transl. from French into Engl.: Sarah Parsons]. – Basel ; Boston ; Berlin : Birkhäuser, 1998
ISBN 3-7643-5808-4 (Basel ...)
ISBN 0-8176-5808-4 (Boston)

© 1998 Birkhäuser – Verlag für Architektur, P.O. Box 133, CH-4010 Basel, Switzerland
© 1998 Fondation Le Corbusier, Paris, pour l'ensemble de l'œuvre de Le Corbusier

Printed on acid-free paper produced from chlorine-free pulp. TCF ∞
Printed in Germany

ISBN 3-7643-5808-4
ISBN 0-8176-5808-4

9 8 7 6 5 4 3 2 1

Foreword

For Le Corbusier, the years 1920–1923 represented: "A period of great problems, a period of analysis, of experiment, a period also of great aesthetic confusion, a period in which a new aesthetic will be elaborated". (1)

Le Corbusier's beliefs, which in 1923 rapidly took the form of a doctrine through the publication of his book "Vers une Architecture", were based on the following assertions:
"In architecture the old bases of construction are dead. We shall not rediscover the truths of architecture until new bases have established a logical ground for every architectural manifestation." (2)
"Modern life demands, and is waiting for, a new kind of plan, both for the house and for the city." (3)
"A great epoch has begun.
There exists a new spirit.
Industry (…) has furnished us with new tools adapted to this new epoch, animated by the new spirit (…).
The problem of the house is a problem of the epoch.
Industry on the grand scale must occupy itself with building and establish the elements of the house on a mass-production basis.
We must create:
· the mass-production spirit.
· the spirit of constructing mass-production houses.
· the spirit of living in mass-production houses.
· the spirit of conceiving mass-production houses." (4)

Upon reading the above, Henry Frugès an industrialist from Bordeaux decided in 1923 (5) to commission Le Corbusier and Pierre Jeanneret with a project. (6)

Avant-propos

Les années 1920–1923 représentent pour Le Corbusier : «Une période de grands problèmes, période d'analyse, d'expérimentation, période aussi de grands bouleversements esthétiques, période d'élaboration d'une nouvelle esthétique» (1).

Sa pensée qui grâce à la publication du livre «Vers une Architecture» en 1923 deviendra rapidement une doctrine, se fonde alors sur le constat suivant : «En architecture, les bases constructives anciennes sont mortes. On ne trouvera les vérités de l'architecture que quand des bases nouvelles auront constitué le support logique de toute manifestation architecturale.» (2)
«La vie moderne demande, attend un plan nouveau pour la maison et pour la ville.» (3)
«Une grande époque vient de commencer.
Il existe un esprit nouveau.
L'industrie... nous apporte les outils neufs adaptés à cette époque nouvelle animée d'esprit nouveau...
Le problème de la maison est un problème d'époque.
La grande industrie doit s'occuper du bâtiment et établir en série les éléments de la maison.
Il faut créer :
· l'état d'esprit de la série,
· l'état d'esprit de construire des maisons en série,
· l'état d'esprit d'habiter des maisons en série,
· l'état d'esprit de concevoir des maisons en série.» (4)

A la lecture de ces publications, l'industriel bordelais Henry Frugès passe commande en 1923 (5) à Le Corbusier et Pierre Jeanneret son cousin et associé (6), d'un projet de «...petite cité ouvrière

He described this as a "small workers' housing estate in the grounds of a factory (a sawmill) that I have just acquired in the Arcachon region (…) the construction of half a dozen four- or five-roomed dwellings in Lège". This was followed by another project in 1924 for a garden city in Pessac, comprising 130 to 150 houses with shops.

For Le Corbusier and Pierre Jeanneret, the construction of these two housing schemes between 1924 and 1926 fitted neatly into their research on the Dom-Ino and Citrohan Houses, which addressed the issue of the *machine à habiter* (machine for living in) and standardisation. Lège and Pessac thus acted as a testing ground for the architects, enabling them to gauge the public's opinion with respect to their concepts on applying standardisation and mass-production techniques to housing estates: "classify, typify, slot in the cell and its elements – Economy – Efficiency – Architecture! always, when the problem is clear", declared Le Corbusier, for whom the project served as a doctrinal manifesto to which he would unceasingly refer. (7)

Guided by their research into the standard plan, standard here interpreted as "that which is modelled to perfection", and by the principles of industrial construction, the architects were gradually able to fix the base element, cell or module, that could be mass-produced. This process entailed prefabricating components ranging from the shell right down to the interior fittings, with the aim of minimising costs – a specific request formulated by their client.

This crusade for a universal construction process was to take material shape through the perfection of a regular system of structural bays linking stanchions, panels and beams into one reinforced concrete framework which "enables pre-

autour d'une usine (scierie) que je viens d'acquérir dans les landes d'Arcachon… construction d'une demi-douzaine de maisons de quatre ou cinq pièces» à Lège, puis, en 1924, d'une cité-jardin de 130 à 150 villas avec des commerces à Pessac. Dans la lignée de leurs recherches sur les maisons Dom-Ino et Citrohan qui posaient le problème de la «machine à habiter» et de la standardisation, la réalisation de ces deux cités (1924–1926) constitue, pour les architectes, un banc d'essai pour apprécier comment sont reçues, par le public, leurs idées sur les standards, la série et les modes de groupement en lotissement : «Classer, typifier, fixer la cellule et ses éléments – Economie – Efficacité – Architecture! Toujours, lorsque le problème est clair» dit Le Corbusier pour qui le projet est le lieu et le prétexte d'un manifeste doctrinal inlassablement répété. (7)

Guidés par la recherche du plan standard et par les principes de la construction industrielle, le standard étant ici «ce qui est fait à la perfection», les architectes vont progressivement être amenés à fixer l'élément de base, cellule ou module, qui permettra une production en série grâce à la préfabrication des éléments, aussi bien pour l'ossature que pour les équipements, et qui garantira un abaissement des coûts, objectif explicitement formulé par leur commanditaire.

Cette quête d'un procédé de construction universel va se concrétiser par la mise au point d'un système régulier de travées structurelles associant poteaux, dalles et poutres dans une ossature de béton armé qui donne les «possibilités d'esquisses et d'études des plans d'une manière indépendante, plus ou moins abstraite» (le travail de conception se fait à partir d'une grille tramée de 5 m x 5 m) et «autorise le volume du parallélépipède comme signe de l'absolu en architecture».

Cette indépendance de l'architecture par rapport à la structure et cette abstraction

liminary sketches and design studies to be drawn up in an independent, more or less abstract fashion" (working from a grid system of 5 m x 5 m) "and desf-nates the parallelepiped as the absolute architectural volume".

The architectural independence of this structure, coupled with the abstraction generated by the system, guarantee an "architectural certitude" and "fundamental unity" that Le Corbusier envisaged in two forms:
" - the same construction process must be applied to all types of housing, both luxury and ordinary".
" - the same process provides a solid base for tackling the issue of urban layout". (8)

This design process which proposed "a new plan for the house" was not only adopted for Lège and Pessac but also for a number of other projects built around the same time, such as Ozenfant's studio and the Villa Besnus at Vaucresson in 1922, along with the Villas La Roche-Jeanneret in 1923 and the Pavillon de l'Esprit Nouveau in 1925.

Both collectively and individually, these works were the proving ground for the "Five Points of a New Architecture", which were not to be formally defined until 1927, at the inauguration of the Weissenhof Housing Development in Stuttgart:
1. the pilotis
2. the roof garden
3. the free plan
4. the strip window *(fenêtre en longueur)*
5. the free facade
The projects likewise served as a laboratory for the architects' research into interior and exterior polychromy.

qu'offre le système, garantissent la «certitude architecturale» et «l'unité fondamentale» que Le Corbusier envisage sous deux aspects :
«-Le même procédé de construction doit être applicable à tous les types de maisons, luxueuses ou non»;
«-Le même procédé, fournit une base solide pour traiter le problème des groupements, des ordonnances urbaines». (8)
La démarche projectuelle évoquée proposant «un plan nouveau pour la maison» sera donc mise en œuvre simultanément, dans des projets comme l'Atelier Ozenfant et la Villa Besnus à Vaucresson en 1922, les Villas La Roche-Jeanneret en 1923 et le Pavillon de l'Esprit Nouveau en 1925 ainsi qu'à Lège et Pessac.
Dans ces réalisations seront expérimentés également, ensemble ou séparément, les «Cinq points d'une Architecture Nouvelle» qui ne seront formulés explicitement qu'en 1927 à Stuttgart lors de l'inauguration de la Cité du Weissenhof:
1. les pilotis
2. les toits jardins
3. le plan libre
4. la fenêtre en longueur
5. la façade libre
ainsi que la polychromie intérieure et extérieure.

Cette recherche sur le plan-standard permettra aussi d'imaginer «un plan nouveau pour la ville» ; la cité de Pessac en constitue un projet exemplaire car unique dans l'œuvre de Le Corbusier.
En effet, Le Corbusier considère que « le dehors est toujours un dedans» (9) et traite la question des formes de groupements et d'ordonnances urbaines en les fondant sur la redéfinition des rapports de la cellule avec le milieu extérieur, en étroite liaison avec ses préoccupations plastiques en relation à la lumière et au mouvement.

This quest for a standard plan also induced exploratory study on "a new plan for the city" and it is in this respect that Pessac stands unique among Le Corbusier's *œuvres*. In line with his belief that "the exterior is the result of an interior" (9), Le Corbusier's concept of urban layout was based on a redefinition of the relationship between a unit and its exterior environment, closely linked with a focus on plasticity involving light and movement. Hence, although Pessac is rich in references to the garden city model (10), at the same time it is clear that there is a purposeful break: a continuum of green spaces has stepped into the place of juxtaposed individual gardens and a subtle play of volumes structures the urban space.

This interplay is further enhanced by use of polychromy on the exterior facades of the dwellings – one of the most striking elements of the Cité Frugès. Le Corbusier described this process in 1925:
"A new, unexpected aesthetic has emerged from the housing constructed in Pessac. But this aesthetic is licit, conditioned by imperatives imposed at once by construction requirements and by the primordial requisite for architectural sensation – volume. The prisms stacked side by side comply with the rules of proportion and we have sought to render the relationships between them eloquent and harmonious. We have also drawn on an entirely new concept of polychromy, inasmuch as we have focused on a purely architectural objective: sculpt the space through the physical quality of colour – bring forward some volumes while making others recede. In short, compose with colour in the same way as we have composed with form. This is how architecture is transformed into urbanism". (11)

En dépit des références à l'image et au plan des cités-jardins dont il était fortement imprégné (10), on assiste alors à l'amorce d'une rupture : à une juxtaposition de jardins individuels, se substitue un continuum d'espaces verts dans lequel un jeu subtil de volumes structure l'espace urbain.

L'emploi de la polychromie sur les faces extérieures des maisons exalte encore ce jeu de volumes et constitue l'un des éléments les plus marquants de la Cité Frugès.
Le Corbusier s'en explique lui même en 1925:
«Il se dégage des constructions de Pessac une esthétique inattendue, neuve. Mais cette esthétique est licite, conditionnée par les impératifs d'une part de la construction et, d'autre part, par les bases primordiales de la sensation architecturale, le volume. Les prismes qui se dressent les uns à côté des autres obéissent à des règles de mises en proportion, rapports que nous avons cherché à rendre éloquents et harmonieux. Nous avons aussi appliqué une conception entièrement neuve de la polychromie, poursuivant un but nettement architectural : modeler l'espace grâce à la physique même de la couleur, affirmer certaines masses du lotissement, en faire fuir certaines autres, en un mot, composer avec la couleur comme nous l'avions fait avec les formes. C'était ainsi conduire l'architecture dans l'urbanisme». (11)

An Orientation Guide

Parcours de visite

Promenade architecturale

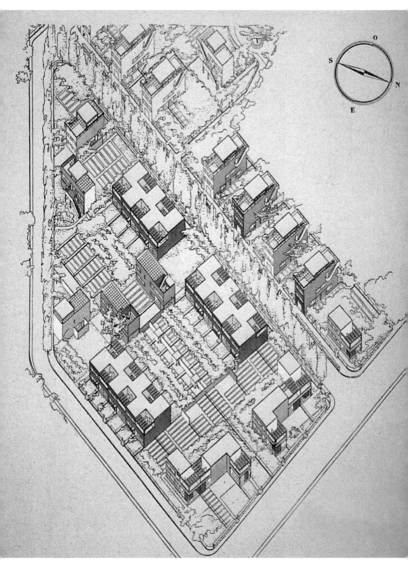

1

2

3

4

5

6

7

8

9

10

11

12

13

14

15

16

17

18

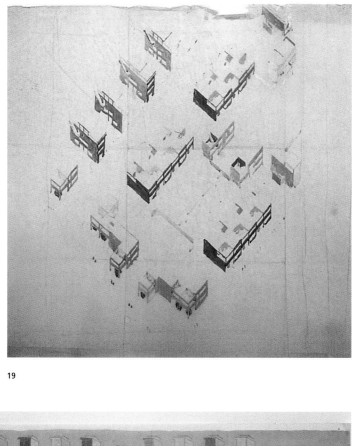

19

20

The Site

The area that makes up the Quartiers Modernes Frugès is situated in Le Monteil within the commune of Pessac, approximately 3 kilometres outside the town. Located in the south-west outskirts of Bordeaux, it is separated from the city centre by less than 7 kilometres as the crow flies. Like its neighbouring communes of Mérignac and Talence, Pessac has followed a radio-concentric pattern of growth, spreading out along a main road.

The commune stretches over a 15-kilometre area, along a busy highway (RN250) and a railway line, both providing transportation links to the beaches of Le Bassin and the town of Arcachon. A major portion of the built-up sector of the commune (including the town itself) and an agricultural area (large vineyard) are squeezed in between these two communication axes, which lie within very close proximity to one other.

The district of Le Monteil, originally a rural stretch of land, was chosen as the setting for the Frugès housing scheme, and it is here that the fifty-one dwellings were constructed. (1) A clear, albeit fleeting, view of the overall site is afforded from an Arcachon-bound train just moments after it pulls out of Pessac station. Today, the immediate surroundings of the neighbourhood have lost their rural character. A broken arrangement of single family mid-density housing (ground floor plus one or occasionally two storeys) with rather disparate styles lies to the north of the railway. Glancing towards the south of this same track, one encounters dense groupings of collective housing (Arago and Châtaigneraie housing estates) comprising five, six or more storeys which, depending on the visitor's approach route, forms a backdrop to the Quartiers Modernes Frugès.

Situation du quartier

Les Quartiers Modernes Frugès sont situés au Monteil, sur la commune de Pessac, à environ 3 km du bourg, en périphérie sud-ouest de la ville de Bordeaux, à moins de 7 km à vol d'oiseau du centre ville ; comme ses voisines, les communes de Mérignac et de Talence, Pessac s'est développée le long d'une voie d'accès privilégiée, obéissant au schéma de croissance tentaculaire du centre-ville.

La commune s'étire sur 15 km, le long d'une route très fréquentée (la nationale 250), et d'une voie ferrée, menant toutes deux aux plages du Bassin et à la ville même d'Arcachon; une importante partie de l'agglomération de la commune (dont le bourg) et une zone rurale (un grand vignoble), sont enserrées entre ces deux axes de communication (voies de conquête, de défrichement et de colonisation) très proches l'un de l'autre.

C'est dans la zone rurale à l'origine, dénommée le Monteil, que va prendre place la Cité Frugès, et que seront édifiées les 51 (1) maisons de l'opération. Quelques instants après le départ de la gare de Pessac en direction d'Arcachon, le train nous offre, de façon fugitive mais néanmoins saisissante, une vue d'ensemble du lotissement.

Aujourd'hui, l'environnement immédiat du quartier a perdu son caractère rural ; au nord de la voie ferrée, on trouve un habitat individuel de densité moyenne (rez-de-chaussée, un, voire exceptionnellement deux étages), en ordre discontinu et de styles assez disparates ; au sud de la voie ferrée, des ensembles denses de logements collectifs (cité Arago ou cité de la Châtaigneraie) ont été édifiés, en forme de barres continues de cinq ou six étages et plus, et constituent une toile de fond plus ou moins présente selon les perspectives d'approche du quartier.

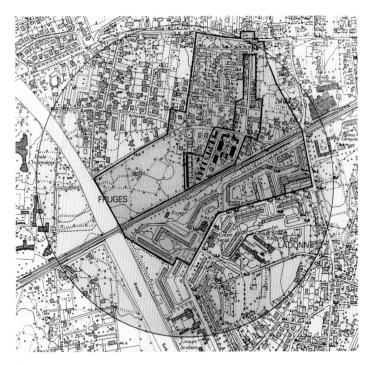

Location plan
Plan de situation

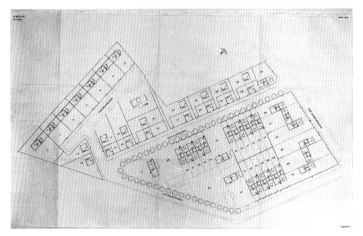

Layout plan
Plan d'implantation

Nearby, two striking elements form an integral part of the landscape. The first of these is the Château de la Bonnette woodlands that adjoin the westernmost limits of the development; the dialogue which is struck up here between the dense foliage and a number of the surrounding houses creates a backcloth against which the various structural forms are clearly outlined. The second feature is the SNCF railway line that runs along the southern boundary of the site, its pointed catenaries reflecting the geometry of the overall housing estate.

The Approach Road

The composition of the housing scheme is centred around two key components: a main road lined with trees that runs the length of the longest north-south stretch of the site, and a town square intended as the point of convergence for the four sectors – A and B in the north and C and D in the south. It is interesting to note that this type of urban layout was the one traditionally deployed in garden cities at that time. (2)

In order to reach the Quartiers Modernes Frugès from the centre of Pessac, the visitor must follow the Avenue Henri Pasteur, up to the Place du Monteil; at this point, one enters the neighbourhood from its blind side, then crosses sectors A and B of the original plan. The houses in these two sectors were never actually constructed, even though they represented over half the ensemble; all that exists is the shape of their plots, into which the current dwellings have been slotted. Standing at the entrance to the Rue Henry Frugès (3) the visitor has to picture the "garden city cavity-wall" apartment block. This is the portion of the housing estate intended as the entrance point to the "Nouveaux Quartiers Frugès" – an apartment block that would have formed

Deux éléments remarquables du contexte proche font partie intégrante du paysage ; les bois du château de la Bonnette, jouxtant la limite ouest du quartier, dont la masse végétale dialogue directement avec le volume de certaines maisons, comme une toile de fond sur laquelle se détachent des figures particulières ; et, en limite sud, la ligne SNCF avec ses caténaires de forme ogivale, qui sont directement associés à l'image globale de la cité.

L'approche de la cité

La composition du quartier s'appuie sur une rue principale plantée d'arbres, qui suit la plus grande direction nord-sud du site, et sur une place publique qui devait articuler quatre secteurs : A et B au nord et C et D au sud ; cette disposition urbaine s'inscrit d'ailleurs dans la tradition des plans des cités-jardins de l'époque. (2)

Du centre de Pessac, l'accès aux Quartiers Modernes Frugès se fait par l'avenue Henri Pasteur jusqu'à la place du Monteil, et le quartier s'aborde par sa face cachée ; le visiteur traverse les secteurs A et B du plan d'origine dont les maisons (qui représentaient plus de la moitié de l'ensemble), ne furent jamais réalisées, dont seuls subsistent, le tracé urbain et une corrélation entre le rythme parcellaire des maisons actuelles, et celui du découpage foncier du projet.

Il faut se situer précisément au début de la rue Henry Frugès (3), et imaginer l'immeuble à «alvéoles» pour cités-jardins, fragment de lotissement qui devait constituer l'entrée des «Nouveaux Quartiers Frugès» : un immeuble formant porche, de six étages, signe monumental, superposition de maisons individuelles, possédant chacune leur jardin suspendu. (4)

Le parcours débute par la rue Henry Frugès, bordée de maisons individuelles avec jardin de devant, et mène le visiteur

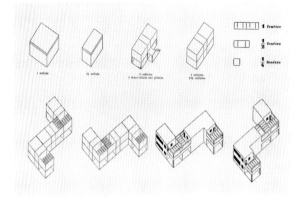

"Cavity-wall" apartment block
Immeuble à «alvéoles»

The Standardised House
La Maison Standardisée

Z-type houses, Rue Xavier Arnozan
Maisons en «Z», rue Xavier Arnozan

a six-storey building serving as a gateway, a monumental emblem comprising single-family dwellings stacked one above the other, each with their own hanging garden. (4)

The route thus begins at the Rue Henry Frugès, lined with single-family dwellings, complete with front garden. This brings the visitor to the small square which in the original plan was organised around an arcade of shops with dwellings above, and a front wall for pelote basque as in the Lège project. (5) The conceptual aim of this extremely urban ensemble was to provide a linking point between the two original plots of land.

Setting aside the row of dwellings that makes up the Arago housing estate in the background, one's attention is irrevocably drawn to the open forms of the Rue Xavier Arnozan, engendered by the combination of dwellings arranged in "Z" formation. (6) These are the standardised house types that underpin the basic design concept of the Pessac project. (7) The house located at No. 27 in this road is a centrepiece of the three house-type combination, illustrating how each homeowner in the neighbourhood can restore his or her house to its original state whilst adapting it to the requirements of modern day comfort. (8) Each design element is clearly displayed: play of volumes, roof terrace and pergola, arrangement and proportions of bays, polychromy of the facades and garden fencing. The only alterations to have been officially approved are those which fall in line with original Corbusian "designs": a gateway in the fencing to accommodate vehicle access for example, and partial restoration of the exterior volumes beneath the terrace, linked with the ground-floor storehouse.

A little further on, looking up to the sky, the visitor's gaze is drawn to the high line and colours that form the tops of the

jusqu'à la petite place qui, dans le projet original, devait s'organiser autour d'une arcade de commerces, avec logements à l'étage, et d'un fronton de pelote basque comme à Lège. (5) Cet ensemble, très urbain dans sa conception, aurait dû servir d'articulation entre les deux terrains initiaux.

En faisant abstraction des immeubles de la cité Arago qui barrent le fond du paysage, l'œil est inévitablement attiré par le déploiement, sur la rue Xavier Arnozan, des formes ouvertes engendrées par la combinaison des maisons disposées en «Z». (6)

Il s'agit de maisons types au plan standardisé qui fixent le modèle de base de la conception de Pessac. (7)

La maison située au n°27 de cette rue constitue l'élément central de la forme résultant de la combinaison de trois maisons.

Elle concrétise les possibilités offertes à chaque propriétaire du quartier pour restaurer son logement dans l'esprit d'origine en tenant compte des exigences du confort contemporain. (8)

Apparaissent ici, de manière évidente, les effets produits par la volumétrie, la toiture terrasse et la pergola, les dispositions et proportions de toutes les baies, la polychromie des façades, ainsi que les dispositifs de clôture sur le jardin ; seules adaptations réglementairement consenties par rapport aux «dessins» corbuséens d'origine : un portillon dans la clôture pour l'accès d'un véhicule et la récupération partielle des volumes extérieurs sous terrasse, associés au chai du rez-de-chaussée.

Plus avant, en portant le regard vers le ciel, le visiteur ne peut manquer de percevoir la ligne haute ainsi que les couleurs du sommet des terrasses abritées des maisons qui, en arrière-plan, dominent la profondeur de l'îlot ; la percep-

covered terraces of the houses and which, in the background, dominate the depths of the neighbourhood. The visitor is afforded the same view on entering the housing estate from the east, along the Rue Xavier Arnozan. Continuing down the street, his gaze then falls upon unquestionably one of the most emblematic vistas within the whole estate, referred to by Le Corbusier and Pierre Jeanneret as "groupings and urban arrangements": the Rue Le Corbusier.

The composition of this road focuses on and exemplifies the concept of the regular and abstract system, guarantor of "architectural certitude and fundamental unity". The street presents an asymmetric profile: to the right, uniform repetition of the "skyscraper" house type with high four-level volumes whose alternating arrangement of masses and voids gives rise to a rhythmic pattern. To the left, "staggered" formation dwellings: low volumes with alternating facades, forming a united front of built mass facing the road.

The Rue Le Corbusier

This street serves as a backbone to the neighbourhood. It offers up a totally controlled, mastered space, in which maximal architectural and urban effects are compacted through a play of assemblies, contrasts and counterpoints. Today, due to technical reasons, the trees planted alongside the "staggered" housing do not reflect the spirit or spacing of the original plan (poplar trees every five metres), yet nevertheless they do comply with Le Corbusier's wishes, inasmuch as their height creates a harmonious balance with the "skyscrapers" opposite.

A few metres further on, the visitor comes across two of the scheme's figurehead house types, positioned opposite one another: the "staggered" type at No.

tion serait identique en pénétrant dans le quartier par l'Est, en empruntant la rue Xavier Arnozan.

En progressant dans la rue, s'ouvre l'un des points de vue, sans doute le plus caractéristique de l'ensemble de la cité, que Le Corbusier et Pierre Jeanneret désignaient comme «les groupements et les ordonnances urbaines» : la perspective de la rue Le Corbusier.

La composition de cette rue concentre et illustre bien l'idée du système régulier et abstrait, pour garantir «la certitude architecturale et l'unité fondamentale». Un profil dissymétrique : à droite, la répétition stricte des maisons du type «gratte-ciel», hauts volumes de quatre niveaux alternant vides et pleins suivant un rythme régulier ; à gauche, des maisons du type «quinconce», volumes bas présentant des façades alternées et offrant par leur disposition en masse continue une limite à la rue.

La rue Le Corbusier

Sorte de colonne vertébrale du quartier, cette rue offre au visiteur un espace totalement contrôlé et maîtrisé qui condense le maximum d'effets architecturaux et urbains en jouant sur les assemblages, les contrastes et les contrepoints.

Aujourd'hui, la ligne d'arbres plantés du côté des «quinconces», qui pour des impératifs techniques, ne reprend ni l'essence, ni l'espacement prévu à l'origine (peupliers tous les 5 m) mais, conformément aux intentions exprimées par Le Corbusier, rééquilibre, par son envergure, l'altitude des gratte-ciel lui faisant face.

Engagé de quelques mètres dans cette rue, le visiteur découvre en vis-à-vis deux des types fondamentaux de la cité : la maison du type «quinconce» au n°3 avec chai sur la rue, et la maison du type «gratte-ciel» (deux maisons jumelées)

3 with its storehouse facing the road, and the "skyscraper" formation (two semi-detached houses) at No. 4 and No. 6, half of which (No. 4) was purchased by the local authorities of Pessac for the purpose of setting up an experimental restoration site. Today, this house has been transformed into "a model dwelling" of the neighbourhood, acting as a sort of museum for the site. It is open to the public and fulfils a pedagogical role through its function as a "showcase" of the architectural solutions and techniques developed for restoring the Quartiers Modernes Frugès. (9)

Indeed, did the architects themselves not declare at the time: "We will always opt for the banal, the commonplace, the steadfast rule, rather than individualism, the fruit of impetuosity. The common, the rule, the common rule, seem to us to be the strategic bases in the quest for progress and beauty. We see general beauty as attractive and dismiss heroic beauty as pure drama." (10)

Wandering further along the road, although the houses are still characterised by a mix of styles (at the time of this guide's publication), brought about by the changes inflicted on them, the urban landscape has nonetheless managed to retain its power as "total architecture", as "a plastic work". This is largely due to the fact that there is just the right balance of face-to-face buildings interwoven with the polychrome volumes of the "staggered" dwellings and "skyscraper" types. Other houses are also particularly noteworthy; for example Nos. 7 and 17 ("staggered" type), and Nos. 12, 14, 16 and 18 ("skyscrapers"). Once at the end of the Rue Le Corbusier, at the junction with the Rue Henry Frugès, the visitor should turn around and pause beside the railway line to savour the deep perspectival view on his

n°4 et n°6, acquise pour moitié (n°4) par la mairie de Pessac, afin de mettre en place un chantier expérimental de restauration. Il s'agit aujourd'hui d'une «maison de quartier», sorte de musée du site, ouverte au public et ayant pour vocation pédagogique de présenter l'évolution des solutions architecturales et techniques visant à restaurer le patrimoine des Quartiers Modernes Frugès. (9)

Les architectes eux-mêmes ne déclaraient-ils pas dès cette époque : «A l'individualisme, produit de fièvre, nous préférons le banal, le commun, la règle à l'exception. Le commun, la règle, la règle commune, nous apparaissent comme les bases stratégiques du cheminement vers le progrès et le beau. Le beau général nous attire et le beau héroïque nous semble un incident théâtral». (10)

En progressant le long de la rue, malgré le caractère encore hétéroclite de l'état des maisons (au moment de la publication de ce guide), le paysage urbain en tant que «fait architectural total», en tant «qu'œuvre plastique», garde toute sa puissance, grâce au savant dosage des vis-à-vis entre les volumes polychromes des maisons du type «quinconce» et ceux des maisons du type «gratte-ciel». Outre les deux premières maisons déjà citées, il faut remarquer aussi celles situées aux n°s 7 et 17 pour les «quinconces» ainsi que celles des n°s 12, 14, 16 et 18 pour le type «gratte-ciel».

Arrivé à l'extrémité de la rue Le Corbusier, à l'angle avec la rue Henry Frugès, le visiteur doit se retourner, et marquer un temps d'arrêt le long de la voie ferrée pour profiter, sur sa gauche, d'un tableau qui ouvre une perspective précise sur la rue des Arcades. Ce point de vue est remarquable car il est cadré par la masse des deux dernières maisons du type «gratte-ciel» restaurées (11), aux n°s 42/44 et 23/25 de la rue Henry Frugès, qui

Rue Le Corbusier: "skyscraper" houses
Rue Le Corbusier : Maisons «gratte-ciel»

Rue Le Corbusier: "staggered" houses
Rue Le Corbusier : Maisons en «quinconce»

left, down the Rue des Arcades. This is a striking vista, framed by the mass of the last two restored "skyscraper" houses (11), Nos. 42/44 and 23/25 of the Rue Henry Frugès. These are structural embodiments of the conceptual "house in the air, far from the ground", with the garden passing beneath the house: they herald the pilotis of "The Five Points of a New Architecture", a design concept that was published in 1927 and finalised in 1935.

The Rue des Arcades

The most dramatic feature upon entering this road is the contrast in scale between the high rhythmic shapes of the "sky-scrapers" still fresh in one's mind, and the low unbroken volumes of the "arcade" houses. These dwellings mark the outer boundaries of the neighbourhood, while opening up views through their huge "arches" which spring from one house to the next.

Shaped in the form of a long bar, the dwellings are preceded by a vast front garden area, which sets the built mass and the shell of the arcade at mid-point between the greenery in the foreground and the extensive woodlands of the neighbouring property (Château de la Bonnette).
The house at No. 3, on the left, belongs to admirers of Le Corbusier's work. In 1973, these disciples became the pioneers of Pessac's rebirth by undertaking a restoration programme of their property, an exemplary venture that led directly to the building being listed under the French Monuments Historiques. The Quartiers Modernes Frugès were thereby de facto granted the 500-metre protection span as stipulated in the law passed on 9 December 1913 governing protected sites.

concrétisent l'idée conceptuelle de «la maison en l'air, loin du sol» le jardin passant sous la maison et annonçant les pilotis des «5 points d'une Architecture Nouvelle» qui seront publiés dès 1927 et développés jusqu'en 1935.

La rue des Arcades

Dès l'entrée dans cette rue, ce qui frappe, c'est le rapport d'échelle qui établit un contraste entre les hautes formes rythmiques des maisons «gratte-ciel» que l'on vient de quitter et les basses formes continues des maisons du type «arcade» ; celles-ci jouent un rôle d'enceinte marquant l'extrêmité du quartier tout en laissant le regard s'échapper à travers les vastes «arceaux» jetés d'une maison à l'autre.

De formes barlongues, elles sont précédées d'un vaste jardin de devant qui place leur masse bâtie prolongée par le voile de l'arcade en situation de plan intermédiaire entre ce premier plan végétal et celui, très imposant des bois de la propriété voisine (le château de la Bonnette).
Sur la gauche, au n°3 se situe la maison de propriétaires admirateurs de l'œuvre de Le Corbusier, qui ont fait figure de pionniers en entreprenant dès 1973, la restauration de leur maison. Cette action exemplaire a eu pour effet de provoquer le classement du bâtiment au titre des Monuments Historiques de l'Etat, et «de facto» d'inscrire l'ensemble des Quartiers Modernes Frugès à l'intérieur du périmètre de protection de 500 m de rayon, défini par la loi du 9 décembre 1913 sur les sites protégés.
Plus loin, se font face deux autres édifices restaurés (12) : au n°9, une maison du type «arcade» faisant partie du programme de l'Office départemental d'HLM Aquitanis et au n°4, la maison

Rue des Arcades: "arcade" house
Rue des Arcades : Maison à «arcade»

The Maison Vrinat
Maison Vrinat

Further along stand two other restored dwellings, facing one another. (12) The first of these, No. 9, is an "arcade" house type which was part of the Aquitaine Regional Office restoration programme. The second, No. 4, is a detached dwelling that belonged to the engineer Vrinat, first property owner in the neighbourhood and the architects' technical associate for the overall project.

In this dwelling, as in the "skyscraper" building, the terrace canopy and exterior hanging stairways reflect those forms that had already been used in the designs of the Citrohan Houses (1922) and the Villas La Roche-Jeanneret (1923). These sculptural elements were to be further developed in later schemes drawn up between 1923 and 1929, such as the "Maison Minimum" (1926), the Weissenhof dwellings in Stuttgart (1927), the Villa Baizeau in Carthage (1928) and the Villa Church in Ville d'Avray (1928–1929).

At the end of this road, the visitor follows the small path that leads back towards the Rue Le Corbusier and, having admired the other side of the "skyscrapers", turns right into the Rue Henry Frugès.

The Rue Henry Frugès

Strolling alongside the railway track, one can enjoy distant views on the left of the two symmetrically arranged "free-standing" dwellings that sit in the heart of the estate. This section of the road forms the last part of the visit. It follows the slight curve of one of the estate's edges, bringing the visitor back towards the small central square in the original plan. This inflection in the main axis stems from the fact that the irregular shape of the terrain conflicted with the architects' ambition for the interior of the estate to be relatively regular, enclosed and private, made up of rows of terraced housing in "staggered" formation.

particulière, unique et isolée, de l'ingénieur Vrinat, premier propriétaire et collaborateur des architectes pour la conception technique de l'ensemble du projet. Dans cette dernière maison, comme d'ailleurs dans le type «gratte-ciel», les auvents des terrasses, ainsi que les escaliers extérieurs détachés du plan de la façade, reprennent des formes déjà utilisées dans la conception des maisons Citrohan (1922), et des villas La Roche-Jeanneret (1923). Ces thèmes plastiques seront développés dans les projets des années 1923–1929, par exemple dans ceux de la «Maison Minimum» (1926), des maisons du Weissenhof à Stuttgart (1927), de la Villa Baizeau à Carthage (1928) ou de la Villa Church à Ville d'Avray (1928–1929).

A l'extrémité de la rue, par un petit chemin qui le ramène vers la rue Le Corbusier, le visiteur admirant au passage l'autre face des «gratte-ciel», revient sur sa droite par la rue Henry Frugès.

La rue Henry Frugès

Cheminant le long de la voie ferrée, le visiteur apprécie sur sa gauche une vue éloignée des deux maisons «isolées» disposées symétriquement en cœur d'îlot. Ultime séquence de cet itinéraire, cette partie de la rue suit la légère inflexion d'une des limites de la cité et ramène vers la petite place centrale du plan d'origine ; cette déformation de l'axe principal, résulte en fait de la confrontation entre la forme irrégulière du terrain et la volonté des architectes de créer un intérieur d'îlot relativement régulier, clos et privé, formé par les blocs en bandes des maisons mitoyennes en «quinconce». Aujourd'hui en 1998, les maisons situées aux nᵒˢ 32 et 38 de la rue n'ont pas été transformées et conservent sur leurs façades les menuiseries et les huisseries d'origine ; la maison du n°24 est célèbre

Rue Henry Frugès: "staggered" house
Rue Henry Frugès : Maison en «quinconce»

As at 1998, the facades of the dwellings at No. 32 and No. 38 in this street still boast their original joinery and door/window frames, while the house at No. 24 is symbolically famous worldwide for the alterations to its facade. (13)

The staggered dwelling at No. 22 is the last of the three main house types restored by the Aquitaine low-cost housing office.

This description of the neighbourhood's public spaces is intended only as a guide for finding one's bearings. Now let us embark upon a much more detailed description of the house types that the architects designed by combining the base cell.

"Skyscraper", 4 Rue Le Corbusier

The simple name given to this house type depicts a movement of upward extension, a vertical promenade that beckons the visitor. From the road, one is struck by the overall mass of the building, the outline of the terraces and the colours of the facades. The pure, regular shape of the house draws on the standard base module that combines simple geometrical rules with a recurring construction system, delineating planar, mostly solid surfaces, which at no point interrupt the piercing of the bays on the first three levels. The only unexpected break in the balance of volumes is an exterior staircase suspended from the facade on the top level; this stands as proof of the importance the architects accorded to accessing the roof terrace, designed as a panoramic viewpoint.

The polychromy employed by the architects is at its most poignant here; by applying different colours to adjacent sides, one burnt sienna, the other pale green, they strove to break the effect of continuity and concentration of mass by underscoring edges and corners.

dans le monde entier pour la valeur emblèmatique qui s'attache aux modifications subies par sa façade. (13)

Au n°22, la maison du type «quinconce» constitue le dernier maillon de la série des trois types fondamentaux de maisons restaurées par l'Office d'HLM Aquitanis. Cette description à partir de l'espace public de l'ensemble du quartier, ne remplit qu'une fonction de repérage. Il reste nécessaire d'approfondir la description des types de maisons que les architectes ont conçus en combinant la cellule de base.

Le «gratte-ciel» : 4, rue Le Corbusier

Le simple nom de ce type de maison évoque une extension en hauteur et donc une promenade verticale à laquelle sera convié le visiteur.

Depuis la rue, le volume général, la silhouette des terrasses et les couleurs des façades s'imposent.

Le volume pur et régulier de la maison s'appuie sur le module standard de base qui combine règles géométriques simples et système constructif répétitif et définit des faces planes et majoritairement pleines, que ne perturbe pas le percement des baies des trois premiers niveaux.

Seul un escalier extérieur suspendu à la façade du dernier niveau introduit un motif volumétrique inattendu qui signale l'accessibilité du toit terrasse, aménagé comme une sorte de belvédère.

La polychromie définie par les architectes prend ici tout son sens : en appliquant des couleurs différentes sur des faces contiguës, une face terre de sienne brulée pure, l'autre vert pâle, ils cherchent à rompre l'effet de continuité et de concentration de la masse, par la rupture de l'angle.

La séquence de l'entrée de la maison se décompose en deux temps : à partir du trottoir, un portillon métallique situé

No. 4, Rue Le Corbusier: "skyscraper" house
No 4, rue Le Corbusier : Maison «gratte-ciel»

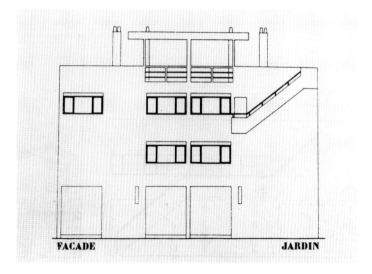

FACADE   JARDIN

"Skyscraper" type: facade
Type «gratte-ciel» : façade

Access to the dwelling is divided into two stages. From the pavement, a metal gate in the fencing of the small planted garden opens onto a paved path that runs alongside the vast green facade. On the right, a hollowed-out shelter frees up the ground space and unlocks views, while at the same time accommodates the service core: laundry (with wash basin), storehouse, workshop and garage. Despite the still relatively significant presence of load-bearing walls, this shelter prefigures the first of the "Five Points of a New Architecture": the pilotis. Later development of this concept would allow the architects to break free from the constraints that tied down traditional structural envelopes, totally freeing the ground area so as to apply Corbusian concepts of urban planning.

The opaque entrance door opens directly on to the landing of the staircase which leads to the first floor and whose arrangement, following the five-metre width of the standard bay, does not allow enough space for a real hallway. Nonetheless, despite its reduced dimensions, this landing-entrance is lit by a loophole window and accomodates the interior door that leads out to the garage. Today transformed into an exhibition room, this space now houses a coloured cardboard model of the neighbourhood, designed by Henry and Christiane Frugès in 1967. (14) When making his way up the staircase, clad in 20 cm x 20 cm cement tiles, the visitor becomes aware of its substantial transversal position in relation to the overall structure. The staircase stops at the first floor, leading into the large main room. Magnetised by the ever-brighter sunlight, the visitor pivots to his right. Here he discovers the source of luminosity: a long strip window that stretches across the front facade between the two lateral walls. Based on a fixed module, this com-

dans la clôture du jardin d'agrément permet d'accéder à une allée dallée qui longe la grande façade verte de la maison ; puis, à droite, c'est la trouée d'un abri traversant qui libère le sol et la vue, et distribue les espaces des services : buanderie (avec bac à laver), chai, atelier et garage.

Malgré une présence encore relativement importante de murs porteurs, cet abri préfigure le premier des «5 points d'une Architecture Nouvelle» : «les pilotis». Plus tard, développé, ce point permettra aux architectes de s'affranchir des structures d'enveloppes traditionnelles, pour accéder à la libération totale du sol au service des idées de l'urbanisme corbuséen.

La porte d'entrée, opaque, ouvre directement sur le palier de l'escalier qui donne accès au premier étage ; en effet, la disposition de l'escalier dans le sens de la largeur de la travée standard (5,00 m), ne permet pas de dégager suffisamment d'espace pour un vrai vestibule. Ce palier-entrée, de petites dimensions, mais éclairé par une fenêtre «meurtrière» distribue en vis-à-vis la porte intérieure d'accès au garage. Aujourd'hui transformé en salle d'exposition, la municipalité y présente la maquette d'ensemble du quartier, réalisée en carton coloré par Henry et Christiane Frugès en 1967. (14) En gravissant les marches revêtues de carreaux de ciment 20 cm x 20 cm, le visiteur comprend l'importance de la position transversale de l'escalier par rapport au volume général. Cet escalier aboutit au 1er étage, dans la grande salle principale. Dans un mouvement tournant vers la droite, orienté par l'apport toujours plus présent de la lumière naturelle, le visiteur en découvre la source, cadrée par une grande fenêtre bandeau qui s'étire en façade sur rue entre les deux murs latéraux.

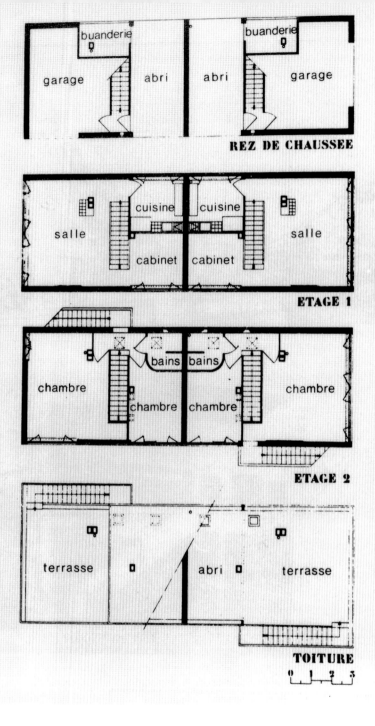

REZ DE CHAUSSEE

ETAGE 1

ETAGE 2

TOITURE

0 1 2 3

"Skyscraper" type: plans
Type «gratte-ciel» : plans

ponent was considered "the standard mechanical element of the house". (15)

The strip window (*fenêtre en longeur*), also one of the "Five Points of a New Architecture", runs parallel with the staircase, its frames situated on the exterior surface of the facade. The nearby fireplace is set in a free-standing position, like a backdrop against the sunlight.

The floor, clad in pitchpine parquet, reinforces the effect of spatial unity. Making one's way towards the centre of the room, sense of movement is amplified by the discovery of a second flight of stairs, fitted with a plain metal handrail, allowing unobstructed views of the volume situated to the rear. Here, the concept of the free plan is articulately expressed through the positioning of the staircase and the fireplace: these elements become a veritable hinge linking the living room, which adopts the same measurements as the base cell (5.00 m x 5.00 m) with the two other rooms, each allotted half a cell.

The kitchen is hence set within a half cell, comprising a cubic area of approximately 2.6 m, echoing that of the extension to the living room. It contains modern utilities: "hot and cold running water, electricity, gas and a large stove that can be used for the central heating". This stove was originally connected to horizontal and vertical heat ducts, intended to distribute warm air in all the rooms through ventilation outlets. Although the stove has since been removed, the shafts and outlets are still visible.

The dining room area, also of cubic volume, is endowed with a large side opening that bathes the whole area in gentle light.

Walking up the second flight of stairs, light once again engulfs the visitor, this time from above, via two different sources: on the one hand indirect lighting by means of a small deep-set sky-

Ce bandeau est composé à partir d'un module fixe considéré comme «l'élément mécanique type de la maison». (15)

La «fenêtre en longueur», un des «5 points de l'Architecture Nouvelle», dont les châssis sont positionnés au nu extérieur de la façade, est en position parallèle à celle de l'escalier ; la cheminée, elle, relativement proche, est en situation libre et détachée de tout support comme un contre-point à contre-jour.

Le plancher, revêtu d'un parquet en pitchpin, renforce l'idée d'unité de l'espace de cette salle.

En progressant vers le centre de la pièce, le mouvement s'amplifie avec la découverte de la seconde volée d'escalier, à simple main-courante métallique, ouverte sur le volume situé derrière.

Ici, une des premières expressions du «plan libre» peut se lire simplement dans la manière dont Le Corbusier place le volume de l'escalier et la cheminée, en articulation entre le séjour qui reprend les dimensions de la cellule de base (de 5,00 m sur 5,00 m) et les deux autres pièces qui s'organisent sur la redivision de cette cellule par moitié.

Ainsi la cuisine s'inscrit dans une demi-cellule, correspondant approximativement à un volume cubique de 2,60 m d'arête faisant écho à celui de l'extension du séjour ; elle comprend les commodités modernes que sont «l'eau courante chaude et froide, l'électricité, le gaz et un grand fourneau utile pour le chauffage central». A l'origine, le calorifère était raccordé à des conduits de chaleur horizontaux et verticaux destinés à distribuer l'air chaud par l'intermédiaire de bouches, dans l'ensemble des pièces ; si l'appareil n'existe plus, les gaines et les bouches sont encore visibles.

La partie salle à manger, de volume cubique, bénéficie d'une grande ouverture latérale qui apporte une lumière réfléchie, douce et généreuse.

light, centred in the ceiling of the stair cavity; on the other hand, direct supply of light through a loophole identical to the one in the entrance lobby. While set off-centre in relation to the staircase's axis, this window diffuses light through the strongly-pronounced jambs of its reveals. The shafts of this carefully-balanced lighting bounce off the staircase walls, thereby accentuating the latter's role as the backbone of the composition. On arriving at the second floor, the visitor encounters a narrow landing laid with terracotta tiles. This minimal space provides access to a small bedroom, a large bedroom and a water closet with shower. Here, the quest for "economy of space" takes on its full meaning as the "fundamental basis" of the architects' work. The curved shower room nestles into the corner adjacent to the small bedroom, and is "fitted with the latest facilities", reflecting "the most recent progress made in the art of building" up to 1925 (English-style WC incorporating cistern and liquefaction tank, invented by H. Frugès). Soft light, enhanced by the white tiles that clad the floor and walls, dances in through a skylight and a loophole of the same size as the ones on the landing, although its reveals are not endowed with such a markedly slanting jamb. This allows for a slightly different control of natural light and exterior views.

The major characteristic of the small bedroom, other than the partition that backs onto the shower and whose curve frees up space for the entrance door, is the size and positioning of its window. This element, only half the length of the large strip windows situated along the main facade, takes up the standard modular division again and runs the whole width of the room. As planned by the architects when designing the window, this maximal stretching, allied with the reflection of light that bounces off the white walls,

En empruntant la seconde volée d'escalier, le visiteur est à nouveau saisi par la lumière zénithale cette fois, qui joue entre deux sources différentes : d'une part l'apport indirect d'un petit lanterneau profond, centré dans le plafond de la trémie de l'escalier, et ne laissant pas percevoir le ciel ; d'autre part, l'apport direct d'une fenêtre meurtrière identique à celle de l'entrée, décentrée par rapport à l'axe de la volée, mais surtout diffusant la lumière grâce à l'ébrasement très marqué des tableaux ; cet apport de lumière savamment dosé, vient se réfléchir sur les parois du volume de l'escalier, lui faisant ainsi pleinement jouer son rôle de colonne vertébrale de la composition. L'arrivée au second étage se fait sur un palier marqué au sol par quelques carreaux de terre cuite calepinés ; ce palier minimum dessert une petite chambre, une grande chambre et un «cabinet d'aisances» avec une douche.

Ici, le calage des dimensions de la cellule en tant que «recherche de l'économie» prend tout son sens, comme «base fondamentale» du travail des architectes. De forme arrondie sur l'angle contigu à la petite chambre, cette salle d'eau est «pourvue des derniers perfectionnements» du confort et reflète «les plus récents progrès dans l'art de bâtir» en 1925 (WC à l'anglaise avec réservoir et fosse liquéfactrice, invention de H. Frugès).

La lumière douce, soutenue par les revêtements de carrelage blanc au sol et aux murs, est diffusée par un lanterneau au plafond et par une meurtrière de mêmes dimensions que celles du palier d'accès, mais qui ne dispose pas, pour ses tableaux, d'une forme d'ébrasement oblique aussi marquée ; ceci permet un contrôle sensiblement différent de la lumière naturelle et de la vue vers l'extérieur.

Ce qui caractérise la petite chambre, outre la cloison adossée à la douche dont la courbe libère mieux l'espace de la porte

"floods the area with more light than would one or even two vertical windows".

The master bedroom, accessed by the third door on the landing, is granted the same surface area as that of the main room. While it is lit by a strip window identical to that on the first floor, the partitioning of the stairwell changes the appearance of this space considerably, resulting in a slightly brighter diffusion of natural light.

Behind the staircase, in the opposite corner to the entrance, the visitor comes across a solid jib door incorporated into the surface of the facade. Crossing its threshold, there is a sensation of open air, immediately reinforced by the discovery of an exterior hanging stairway on the left, leading to the roof terrace. In the same way as the interior staircases, the tread is fairly straight, and on his steep climb up, firmly grasping onto a three-quarter solid handrail, the visitor can fully assimilate the oblique shape that he had previously only glimpsed from the street. The roof terrace is accessed via a narrow landing with an openwork railing and concrete columns, complete with a balustrade clad in delicate concrete tiles and two metal rails. This stylistic device runs practically the whole length of the terrace, communicating the space's habitability. Designed as a veritable belvedere, commanding sweeping views of the neighbourhood, the roof terrace was also included in Le Corbusier's "Five Points of a New Architecture":

"Technical reasons, a wish to introduce serenity, and pure sentimentality were the factors that determined our decision to incorporate the roof terrace." (16)

"Garden terrace", "terrace garden", "roof garden": a myriad of terms were employed by the architects to present this component of their work: "This is an example of modern urbanisation, where

d'entrée, c'est la taille et surtout la position de la fenêtre : de moitié moins longue que les grandes fenêtres en longueur de la façade principale, elle reprend la division modulaire standard et s'étend aux deux murs contigus de la pièce ; pour les architectes, cet étirement maximum, combiné à la réflexion sur les murs blancs, «laisse pénétrer plus de lumière que par une ou deux fenêtres verticales».

Sur le palier, la troisième porte ouvre sur une grande chambre, d'une surface semblable à celle de la salle principale. Bien que son éclairement soit assuré par une fenêtre en longueur strictement identique à celle du premier étage, le cloisonnement de la cage d'escalier modifie d'une manière très substantielle la perception de cet espace, provoquant une diffusion et une intensité sensiblement plus forte de la lumière naturelle. Derrière le volume de l'escalier, dans l'angle opposé à l'entrée, le visiteur découvre une porte pleine, prise dans le plan de la façade.

En franchissant son seuil, l'impression d'ouverture sur l'extérieur est forte et se renforce immédiatement par la découverte sur la gauche, de la volée d'escalier suspendu, qui donne accès au toit-terrasse.

L'emmarchement, comme celui des volées intérieures, apparaît assez raide, et le visiteur empruntant cette volée droite, bien tenue par un garde-corps aux trois-quart plein, reconnaît le volume oblique dont il avait perçu la forme depuis la rue. L'arrivée sur le toit-terrasse, se fait sur un palier minimum, au garde-corps ajouré, dont les potelets sont en béton et l'appui en dallettes extrêmement fines du même matériau ; les deux lisses intermédiaires sont en métal ; cet élément de vocabulaire, signe de l'habitabilité des terrasses

historical keepsakes, the Swiss chalet and the Alsatian dovecote have been left behind in the annals of history. A mind that has freed itself from the fetters of romanticism, strives to resolve a problematic issue." (17)

At this culmination point in the plan, the visitor realises the full magnitude of the project's underlying design concept: the two-apartment "skyscraper" houses line the road in uniform fashion, enticing the visitor to run his eye over the recurrent alternating sequence of semi-enclosed shelters and ground-level gardens. The ensuing effect of transparency, coupled with a spacious surface area, "clearly expose the charm of these hanging gardens".

The visitor's gaze, fixed at an unusually high point, then wanders towards the horizon – a tableau framed by several elements: the horizontal lines of the terrace railings, the cement-paved ground with its separating joints where nature has reclaimed its rights, and the canopy of the shelter – a thick slab which, despite two slender support columns, resembles an overhang. The two chimney caps, proudly positioned at irregular intervals, act as a counterpoint to the strict contours of this somewhat dramatic arrangement.

The architects perceived the roof garden as a living area in itself, separate from the house – a veritable "open-air room". This was an experimental design concept that the architects were employing not only into mass-produced housing built in the social aim of enabling everyone to be a homeowner, but also in customised "bourgeois" commissions for more luxurious villas.

As with the Villas La Roche-Jeanneret in Paris, this last port of call in the promenade is "a place of solitude, a retreat, where one can dream and meditate" while contemplating the unfolding landscape. (18) It is at this point that the image of a famous photograph flashes into

court sur la quasi totalité du périmètre de cet espace.

Conçu comme un vrai belvédère offrant un point de vue remarquable sur l'ensemble de la cité, le toit-terrasse fait partie des «5 points d'une Architecture Nouvelle» que Le Corbusier a édictés : «Des raisons techniques, des raisons de confort et des raisons sentimentales nous conduisent à adopter le toit-terrasse.» (16)

«Jardin-terrasse», «terrasse-jardin», «toit-jardin», autant de termes utilisés par les architectes pour présenter leur travail : «ceci est un exemple d'urbanisation moderne, où les souvenirs historiques, le châlet suisse ou le pigeonnier alsacien ont été laissés au musée du passé. Un esprit dépourvu d'entraves romantiques cherche à résoudre un problème bien posé.» (17)

A ce moment, l'idée, le concept même du projet prend toute sa dimension ; les maisons «gratte-ciel» avec deux appartements s'alignent en série le long de la rue, laissant filer le regard du visiteur sous l'alternance répétée des abris couverts et des jardins au sol ; cet effet de transparence combiné aux dimensions généreuses de la surface font que «le charme de ces jardins suspendus apparaît nettement».

L'œil se situe en effet anormalement haut, et le regard fuit vers l'horizon, cadré par les lignes horizontales des garde-corps, par le sol en dalles de ciment (entre les joints desquelles la nature reprend son droit), et par l'abri, épaisse dalle qui malgré deux fins potelets supports, est surtout perçu comme un plan en porte-à-faux.

L'émergence libre des deux lanterneaux et des deux conduits de cheminée vient en contrepoint aux limites strictes de ce dispositif spatial.

Pour les architectes, le toit-jardin est bien conçu comme une salle à part entière de

one's mind: Le Corbusier and his wife, Yvonne, stand leaning on a terrace parapet (undoubtedly the Maison Vrinat), looking out towards the surrounding construction site. The title of the photograph is "On the roof garden". (19)

la maison, véritable «chambre à ciel ouvert» et c'est cette idée qui en fait un espace à caractère expérimental, que la maison soit construite en grande série dans un but social («chacun sa maison») ou bien construite à l'unité, sur mesure, comme dans le cas de villas plus luxueuses. Ultime étape de la visite, comme dans les villas La Roche-Jeanneret à Paris, c'est «un lieu de la solitude et du retrait, qui invite à la rêverie et à la méditation» face à l'étendue du paysage. (18)

C'est le moment de se remémorer une célèbre photo du chantier de Pessac représentant Le Corbusier et son épouse Yvonne, accoudés au parapet d'une terrasse (sans doute la maison Vrinat) et légendée «sur le toit-jardin». (19)

Le Corbusier and his wife, Yvonne, on the
terrace of a house

Le Corbusier et Yvonne, sa femme, sur la
terrasse d'une maison

The Project's History

Histoire d'un projet

Prior to recounting the background of the projects for Lège and the Quartiers Modernes Frugès at Pessac, it is crucial to underscore the major role played by the creation of the Maison du Tonkin within these two schemes.

Erected in the grounds of Frugès's sugar refinery in Bordeaux, this preliminary dwelling was intended as a "design springboard" for construction techniques and spatial devices, a laboratory for gradually fine-tuning the definitive prototypes constructed first in Lège, then in Pessac.

The Lège Experiment

On 3 November 1923, Henry Frugès wrote to Le Corbusier asking him to design and draw up plans for a small workers' housing estate comprising seven or eight dwellings in the commune of Lège (Gironde region), near the Arcachon Basin, where he had recently purchased a sawmill to produce packaging, crates and pallets for use in his family-owned business in Bordeaux. (1)

The aim of the programme was to stabilise the working population by providing on-site housing for the sawmill's seasonal workers. The scheme contained six single-family dwellings with private gardens and a communal building constructed around a small planted square with a front wall for the game of pelote basque.

As early as December 1923 (2), Le Corbusier and Pierre Jeanneret showed Frugès a set of plan types based on cement gun construction (a cement-spraying technique for producing curved forms) as well as other designs using more conventional materials.

The first sketches proposed a three-storey house type with an exterior stairway and completely open ground floor. In some respects, this is a reflection of the third design study for the Citrohan House, dated 1922, in which the pilotis appear for the first time. (3)

L'histoire des projets de Lège et des Quartiers Modernes Frugès de Pessac ne peut être retracée sans se référer, au préalable, à la réalisation (dans l'enceinte de la raffinerie de Bordeaux appartenant à Henry Frugès) de la Maison du Tonkin.

Cette première maison a constitué un chantier expérimental tant au plan des techniques de construction employées que des dispositifs spatiaux mis en œuvre, qui a permis de mettre au point progressivement les dispositions définitives des modèles construits à Lège puis à Pessac.

L'expérience de Lège

Lorsque Henry Frugès écrit à Le Corbusier, le 3 novembre 1923, c'est pour lui proposer de concevoir et d'établir les plans d'une petite cité ouvrière de 7 à 8 logements sur la commune de Lège, en Gironde, à proximité du Bassin d'Arcachon.

Il vient d'y acquérir une scierie pour fabriquer les emballages, caisses et palettes, destinés à la production des sucres de la raffinerie familiale située à Bordeaux. (1)

Le programme a pour but de fixer et loger sur place les ouvriers saisonniers de la scierie ; il comprend : six logements individuels avec jardins privatifs et un bâtiment à usage collectif autour d'une placette plantée ; sur celle-ci, un fronton de pelote basque.

Dès le début du mois de décembre 1923 (2), Le Corbusier et Pierre Jeanneret proposent à Henry Frugès, simultanément, des plans-types utilisant le cement-gun (technique de projection du ciment permettant notamment des formes courbes) et d'autres utilisant des matériaux traditionnels.

En février 1924, Henry Frugès envoie aux architectes le plan du terrain de Lège. Les premières esquisses montrent un modèle de maison se développant sur trois niveaux avec un escalier extérieur et un rez-de-chaussée entièrement dégagé.

C'est en quelque sorte une forme d'appli-

The Maison du Tonkin: facade   Maison du Tonkin : façade

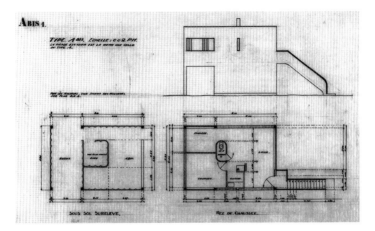

The Maison du Tonkin: plans (FLC 20803)   Maison du Tonkin : plans (FLC 20803)

The Site Plan

The Lège site is triangular, its east side bordered by a public track that opens onto a main road. The architects organised the site plan around the following elements:
· two house types (known as Type A and Type B)
· a communal building called the "canteen-hostelry"
· a small square with a front wall for pelote basque.

Three Type A houses are set at regular intervals along the country track, yet parallel to the main road. They are elongated in form and open on three sides. Entrance is via the south whilst the main facade faces east.

The first Type B house, of the same width as Type A, is erected on the spot where the double alignment of houses A1 and A3 intersects. It is reproduced twice, at evenly-spaced intervals, precisely calculated so as to make full use of the site. Within the geometry of the overall scheme, the canteen-hostelry faces the last two Type B houses, thereby delineating a vast central space. Planted with rows of plane trees and closed off to the north by the pelote basque front wall, this area forms a small public square.

The House Types

These are parallelepiped and are based on one overall 5.50 m grid.

Type A

The three Type A houses constitute the smallest prototype proposed by Le Corbusier on 14 December 1923 for the housing development at Lège.
The ground floor, entirely given over to utility space, opens out sweepingly onto the exterior. It contains a rainwater tank, laundry area and a device for collecting

cation de la troisième étude (datant de 1922) de la maison Citrohan, dans laquelle les pilotis apparaissent pour la première fois (3).

Le plan-masse

Le terrain de Lège présente une forme triangulaire dont le côté est est longé par un chemin communal débouchant sur la route départementale.
Les architectes organisent la composition du plan-masse avec les éléments suivants :
· deux types de maisons (celles dites du type A et celles dites du type B) ;
· un bâtiment collectif dénommé «cantine-hôtellerie» ;
· une placette et son fronton de pelote.
Trois maisons du type A sont disposées à intervalles réguliers le long du chemin rural, mais dans une direction parallèle à la route départementale. Elles sont de forme allongée, ouvertes sur trois côtés, l'entrée est au sud, la façade principale à l'Est.
La première maison dite du type B, de même largeur que celle du type A, est implantée au croisement du double alignement des maisons A1 et A3. Elle est reproduite deux fois, à intervalles répartis également pour occuper l'extrémité du terrain.
La cantine-hôtellerie est disposée en vis-à-vis des deux derniers types B, dans la géométrie de la composition générale ; elle délimite ainsi un vaste espace central qui, planté de lignes de platanes et fermé au nord par le fronton de pelote basque, forme une placette publique.

Les types

De forme parallélépipédique, ils sont conçus à partir d'une même trame de 5,50 m hors tout.

Perspective (FLC 20784)   Perspective (FLC 20784)

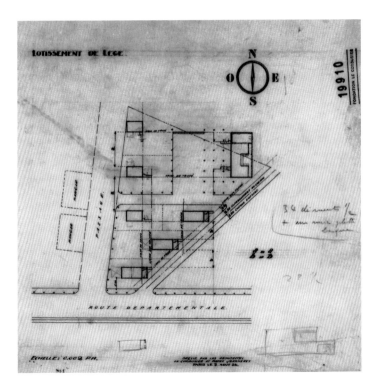

Site plan (FLC 19910)   Plan-masse (FLC 19910)

"sweepings and household refuse". (4) The upper level is accessed from the exterior.

The first floor is composed of a large communal room, kitchen, two bedrooms and bathroom facilities. Taking on board observations made by Henry Frugès, Le Corbusier incorporated cupboard space into the dwellings and made several modifications to the ground floor and exterior openings. This resulted in the "A bis Lège" prototype, based on an 8.10 x 5.40 m grid, with scaled down bathroom facilities. Le Corbusier recommended that this prototype be used for the Quartiers Modernes Frugès if it were not constructed on the Lège site.
In addition, following comments made by "visitors" to the Maison du Tonkin and their observations on the planned construction for Lège (5), the architects put forward two proposed modifications: first, situate the kitchen on the ground floor, thereby creating an additional bedroom on the upper level; second, move the exterior stairway inside. This gave rise to the A2L prototype, three of which were built. The new A prototype was more spacious than the B type, comprising a communal room and kitchen on the ground floor with three bedrooms on the upper level.

Type B
Preliminary drawings for the B1L prototype show three levels with an 8.10 x 5.40 m grid, as opposed to the two-level A type. As in the A1L prototype, the ground floor is reserved for utility space and access to the first floor is from outside. In some sketches it is even possible to make out the embryo of the Pessac skyscraper.
In a letter dated 7 August 1924 (6), Le Corbusier proposed a curved partition allowing the master bedroom on the second level (east side) to be transformed into

Le type A
Les trois maisons A constituent le plus petit modèle proposé par Le Corbusier pour le lotissement de Lège (14 décembre 1923). Le rez-de-chaussée est réservé à l'usage exclusif d'abri et de remise ; largement ouvert sur l'extérieur, il comporte un réservoir d'eau de pluie, la laverie et un dispositif pour les «balayures et les ordures ménagères». (4)
L'accès à l'étage se fait par l'extérieur.

Le premier niveau se compose d'une grande salle, d'une cuisine, de deux chambres et de sanitaires.
Sensible aux remarques d'Henry Frugès, Le Corbusier intègre des rangements dans les logements et apporte des modifications sur les rez-de-chaussée et les ouvertures extérieures.
Apparaît alors un modèle «A bis Lège» (sur une trame de 8,10 m x 5,40 m où les sanitaires sont réduits), modèle que Le Corbusier préconise pour les Quartiers Modernes Frugès, s'il n'est pas construit à Lège.
Par ailleurs, tenant compte de l'opinion de «visiteurs» de la Maison du Tonkin et de leurs remarques à propos des constructions envisagées à Lège (5), les architectes proposent de mettre la cuisine au rez-de-chaussée, offrant ainsi une chambre supplémentaire à l'étage. L'escalier qui était extérieur devient intérieur : c'est le modèle A2L qui sera construit en trois exemplaires. Le nouveau modèle A devient alors plus spacieux que le modèle B : il comporte une salle et une cuisine au rez-de-chaussée, trois chambres à l'étage.

Le type B
Contrairement au modèle A comportant deux niveaux, le modèle B1L a été, dans les premiers dessins, composé sur trois niveaux et une trame de 8,10 m x 5,40 m. Comme pour le modèle A1L, le rez-de-chaussée est à l'usage d'abri et l'accès au premier étage se fait par l'extérieur.

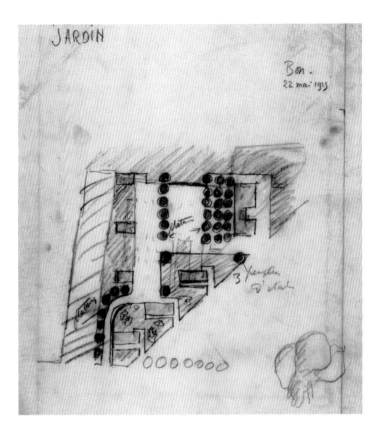

Sketch of garden (FLC 19943)   Esquisse jardin (FLC 19943)

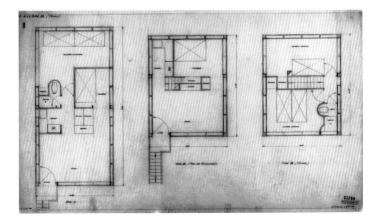

Plans types A and B (FLC 20786)   Plans types A et B (FLC 20786)

two separate children's bedrooms, whilst maintaining the design of the openings: "This house could therefore suit a family with three children".

Like the A prototype, further to observations made by Henry Frugès, on 9 October 1924, Le Corbusier proposed a variation on this house type that incorporated cupboard space: the B2L prototype, referred to as "Petit Lège", in which living space is restored to the ground floor. A pergola on the north facade was initially envisaged for this prototype but never actually seems to have been constructed.

In both house types, the transversal position of the staircase splits each level into two sections, a feature that recurs in the Pessac project. On the ground floor it separates the service area (utility/storage space) from the living quarters (communal room and kitchen); on the upper level it arranges the bedrooms in hierarchical order: master/small or master/two small bedrooms.

Type A features an experimental terrace with semi-enclosed pergola, a design principle that reappears in slightly modified form in the "Z" formation dwellings at Pessac. The joinery, composed of steel sections, adopts a rhythmic pattern of narrow windows (loopholes) linked with strip windows.

The Hostelry-Canteen

The canteen was conceived as a vast parallelepiped with ground floor plus one storey, hollowed out on the eastern side so as to inscribe the double stairway (providing access to the upper level from the exterior) within the building's axis. An additional grid was adjoined in the north, comprising a semi-enclosed shelter and terrace with pergola. On the other hand, the peripheral trellis that appears in the original plans was only par-

Sur certaines esquisses apparaît même l'embryon du gratte-ciel de Pessac.
Le 7 août 1924 (6), Le Corbusier propose une cloison courbe permettant de transformer la grande chambre (est) du second niveau en deux chambres d'enfants séparées, tout en maintenant la composition des ouvertures. «Cette maison pourrait donc convenir pour une famille de trois enfants».

Comme pour le type A et pour tenir compte des remarques d'Henry Frugès, Le Corbusier propose, le 9 octobre 1924, une version similaire avec rangements : c'est le modèle B2L ou «Petit Lège» qui réutilise le rez-de-chaussée à usage d'habitation. Quant à la pergola sur la façade nord, pourtant prévue dès l'origine, elle semble ne jamais avoir été construite.

Dans les deux types, la position transversale de l'escalier distribue, comme à Pessac, le plan de chaque niveau en deux parties.
Au rez-de-chaussée, il isole la partie des services (abri et cave) de la zone de vie (salle et cuisine) ; à l'étage, il dessert les chambres en les hiérarchisant : une grande et une petite ou une grande et deux petites.
Dans le type A, est expérimenté le principe d'une terrasse avec pergola et abri couvert, principe que l'on retrouve sous une forme légèrement différente dans les maisons disposées en «Z» à Pessac.
Les menuiseries constituées de profilés métalliques et composées suivant une combinatoire de modules répétitifs associent fenêtres étroites (meurtrières) et fenêtres en longueur.

L'hôtellerie-cantine

La cantine se présente comme un vaste parallélépipède sur rez-de-chaussée et un étage, évidé à l'Est de telle manière que le double escalier (permettant d'ac-

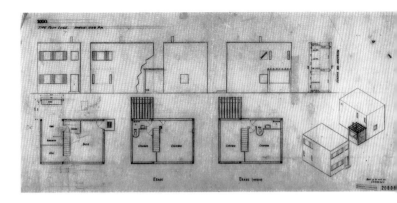

"Petit Lège": facades and plans (FLC 20806)

Petit Lège : façades et plans (FLC 20806)

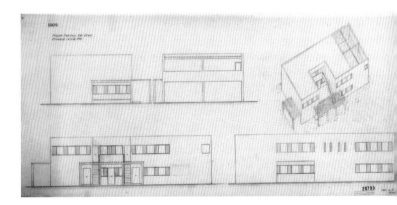

Hostelry-canteen: axonometric perspective
and facades (FLC 20799)

L'hôtellerie-cantine : perspective
axonométrique et façades (FLC 20799)

tially constructed (at the foot of the stairway).

The programme was designed to accommodate single people: the ground floor was composed of two separate canteens, one for men and one for women, together with accompanying service cores (kitchen and cellar); the upper storey housed a 15-bed men's dormitory, an 8-bed women's dormitory and bathroom facilities.

According to eyewitness accounts however, this building was never actually put to its intended use and was instead later converted into apartments.

The Lège Construction Site

Construction of housing at Lège got underway in autumn 1924, after completion of the Maison du Tonkin in the summer. Unfortunately though, a series of misadventures lay in store. The cement gun that Le Corbusier had persuaded Henry Frugès to buy required skilful handling, and the incompetence of Monsieur Poncet, a foreman brought in from the factory to oversee construction, led to serious problems. In January 1925, the southern foundations of the canteen collapsed and had to be rebuilt. In the same year, an additional load-bearing structure had to be incorporated in order to bear the weight of the original concrete floors, which were on the verge of caving in. Concrete was used for the entire shell of the building. It was sprayed onto timber formwork for the peripheral walls and poured in place for the load-bearing structure and jack arches of the intermediate decks.

céder aux étages par l'extérieur) s'inscrit dans l'axe du bâtiment.

Une trame supplémentaire, comportant un abri couvert et une terrasse avec pergola, est ajoutée au nord. Par contre, la treille périphérique prévue initialement n'est que partiellement exécutée (devant le départ des escaliers).

Ce programme, destiné à des célibataires, comporte : au rez-de-chaussée, deux réfectoires séparés pour hommes et femmes avec leurs services (cuisine, cave) ; à l'étage, un dortoir hommes de 15 lits et un dortoir femmes de 8 lits, ainsi que des sanitaires.

En réalité, d'après certains témoignages, ce bâtiment n'aurait pas été utilisé selon sa première destination et aurait été aménagé ultérieurement en appartements.

Le chantier de Lège

Il démarre dès l'automne 1924, après celui de la Maison du Tonkin, construite pendant l'été. Il subira bien des avatars.

Le «canon à ciment» que Le Corbusier a fait acheter à Henry Frugès se révèle être d'une utilisation délicate et l'incompétence de M. Poncet (contremaître détaché de l'usine pour assurer la direction du chantier) entraîne de graves dysfonctionnements : en janvier 1925, les fondations de la partie sud de la cantine s'effondrent et doivent être reconstruites ; dans la même année, une structure porteuse complémentaire doit être réalisée pour soutenir les planchers béton d'origine qui menacent de s'écrouler.

Le béton est utilisé pour l'ensemble du gros-œuvre, projeté sur coffrage bois pour les murs périphériques, coffré et coulé en place pour la structure porteuse et pour les voûtains des planchers intermédiaires.

The Lège Site Disfigured

Just before World War II, the site accommodating the housing estate and sawmill was sold off to the Darbo family, foresters in Lège. Throughout the years that followed, right up until 1993, the buildings underwent substantial alterations and modifications.

It is the shell of the building that has suffered the most damage, brought on by the wear and tear of time, as well as lack of upkeep: the concrete structures have aged extremely badly, falling prey to a considerable amount of splinters, spalling and cracks. In addition, numerous external alterations have been made by both owners and tenants: steel frames and coverings laid directly onto the roof terraces, openings sealed off here and there, original joinery removed, together with a large number of lean-tos and garden sheds erected on the site. Interior modifications have also been made, such as partitioning, lining and floor covering.

In 1992, following the example set by the rehabilitation of the Quartiers Modernes at Pessac, the entire Lège housing estate was listed under the Inventaire Supplémentaire des Monuments Historiques (Additional Listing of Historical Monuments). In 1993, the council housing body of the Gironde region (OPAC Gironde Habitat) purchased the housing estate with the aim of renovating it and returning it to its former *raison d'être*: social housing.
The main guidelines governing this rehabilitation project (7) consist of:
· restoring the original volumes by removing the frames/coverings that have been added, and dismantling the various extensions;
· recreating the original openings and metal joinery;

Le lotissement de Lège défiguré

Juste avant la guerre de 1939/1945, l'ensemble du lotissement et de la scierie, est cédé à la famille Darbo, sylviculteur de Lège. Dès lors, et jusqu'en 1993, les bâtiments subissent de nombreuses altérations et modifications.
Les principales dégradations concernent le gros-œuvre qui souffre de l'usure du temps et du manque d'entretien : les bétons ont très mal vieilli et laissent apparaître de nombreux éclats, épaufrures et fissures.
De plus, les propriétaires ou les locataires effectuent un certain nombre de modifications et d'aménagements extérieurs : réalisation de charpentes et couvertures métalliques posées directement sur les toitures-terrasses, rebouchage de certains percements ou remplacement des menuiseries d'origine, édification de nombreux appentis et cabanons de jardin sur le terrain. Ils procèdent également à des modifications intérieures : cloisonnements, doublages et revêtements de sol.

En 1992, après l'expérience de réhabilitation menée sur les Quartiers Modernes à Pessac, l'ensemble du lotissement est inscrit à «l'Inventaire Supplémentaire des Monuments Historiques».
En 1993, l'OPAC Gironde Habitat se porte acquéreur de l'ensemble du lotissement pour lui redonner sa vocation d'origine : le logement social.
L'opération de réhabilitation (7) prévoit de :
· restituer les volumes d'origine : suppression des charpentes et couvertures rapportées et des agrandissements divers ;
· recréer les percements et les menuiseries métalliques d'origine ;
· redéfinir une organisation en plan-masse et un traitement des abords, conformes à l'esprit du projet d'origine ;
· redonner à l'immeuble cantine sa vocation collective.

· redefining the site plan and surrounding land in compliance with the spirit of the original project;
· reinstating the canteen building with its communal function.

This work has been divided into two phases. The first (1996–1997) focused on renovating the six single-family dwellings and their grounds, composed of private gardens, public square and front wall for pelote basque. The second phase, not yet embarked upon at the time of this guide's publication, will be devoted to restoring the canteen building.

The Lège project constitutes an important stepping stone for grasping the concepts underlying the Quartiers Modernes Frugès. It also served as the opportunity for Le Corbusier and Henry Frugès to sound out the bases of their partnership (a large collection of letters stands as proof of the innumerable discussions and exchanges that took place between the two men, including a considerable quantity of suggested changes and proposals for technical and architectural solutions). Furthermore, the Lège housing scheme was to act as the proving ground for Pessac, in terms of its design and construction techniques. A major difference however separates the two projects – the scale of their programmes – and it was this aspect that was to bestow a highly original urban dimension on the Quartiers Modernes Frugès.

The Housing Development Scheme at Pessac: A Social and Artistic Ideal

In 1966, Henry Frugès was invited by the municipality of Pessac to take part in a joint ceremony: the commemoration of Le Corbusier's work and the fortieth anniversary of De Monzie's inauguration of the Quartiers Modernes on 13 June

Le projet prévoit deux tranches de travaux. La première, menée entre 1996 et 1997, porte sur l'aménagement des six logements individuels et le traitement de tous les abords (jardins privés, place publique et fronton de pelote basque). La deuxième, non encore engagée au moment de la publication de ce guide, traitera de l'aménagement de l'immeuble cantine.

Le projet de Lège constitue une étape importante pour la compréhension de celui des Quartiers Modernes Frugès.
Le Corbusier et Henry Frugès vont y expérimenter leur collaboration (un courrier abondant témoigne de l'ampleur des discussions et des échanges entre les deux hommes : réalisation de nombreuses modifications, proposition de solutions techniques et architecturales).
Ensuite, tant pour la conception des plans des logements qu'en ce qui concerne les techniques employées sur le chantier, l'expérience acquise à Lège va conduire à apporter des perfectionnements à Pessac.
La grande différence entre ces deux projets se situe dans l'échelle du programme des Quartiers Modernes Frugès qui va lui donner une dimension urbaine très originale.

La Cité de Pessac : idéal social et artistique

En 1966, Henry Frugès, invité par la Municipalité de Pessac, à participer au quarantième anniversaire de l'inauguration par le Ministre de Monzie des Quartiers Modernes (le 13 juin 1926) et à l'hommage rendu à Le Corbusier, situe leur rencontre à une date un peu incertaine et lointaine (1921) ; mais ce qu'il a vécu, pendant les années de réalisation du projet, est fortement présent dans son cœur et dans sa mémoire. La Cité qu'il

1926. Even though, according to Frugès, his first encounter with the architect took place back at some point around 1921, he still vividly recalled with great emotion the experience of those years in which the Pessac project was executed. His pilgrimage to the site, which he undertook with the city officials, triggered memories of combating for "a social and artistic ideal (…) along with all the ups and downs that this entailed (…) hopes, struggles and disappointments (…)". (8) Henry Frugès and Le Corbusier shared a common value: uniting art with social issues, two domains that in 1923, and particularly in Bordeaux, were brutally severed both in terms of practice and theory. In the project for the Quartiers Modernes Frugès, art adopted a new and strongly public role within a province that had up until then been reserved for socio-economic specialists: low-cost housing. The fundamental beliefs and actions which underpinned the venture were based on definitions of man, society and art that were somewhat difficult to reconcile with those anchoring the artistic and social practices of the Bordeaux upper class and contemporary experts in these two realms.

Henry Frugès's project was ambitious: constructing a housing estate with around 130 dwellings, many more than other projects at that time for working-class estates. Its social statement and innovative technology (large-scale experimentation with new principles and techniques), guaranteed passionate debate within all circles.

The renown of the client and the architect, coupled with the sensitive nature of the programme, acted as a catalyst for making the whole process a highly publicised affair, instigating a host of reactions: doubt, rejection and also fear. Response from the circle of important wine merchants (entrepreneurs and innova-

revoit, à cette occasion avec des personnalités, le pélerinage qu'il effectue, lui rappellent l'élan vers un «idéal à la fois social et artistique… et tous les aléas de sa réalisation… espoirs, difficultés, déceptions…» (8)

Henry Frugès et Le Corbusier ont un idéal commun : mêler l'art et le social, deux domaines radicalement séparés en 1923, tant dans les pratiques que dans les doctrines, et notamment à Bordeaux. Dans le projet des Quartiers Modernes Frugès, l'art intervient dans une nouvelle définition de son rôle et de sa «nature» de façon forte et publique dans un domaine réservé jusque là aux spécialistes d'un volet de l'économie sociale : le logement à bon marché.

Les principes proclamés, l'action entreprise, se fondent sur des définitions de l'homme, de la société, de l'art, difficilement compatibles avec celles sur lesquelles s'appuient les pratiques artistiques et sociales de la haute bourgeoisie bordelaise et des milieux spécialisés dans chacun de ces domaines.

Le programme d'Henry Frugès, la réalisation d'un quartier de 130 maisons environ, est beaucoup plus important que les programmes habituels des cités ouvrières de l'époque. La conception sociale et le projet technique, dont l'objectif consiste à expérimenter à grande échelle les principes et les techniques nouvelles, ne peuvent manquer de susciter dans tous les milieux des réactions souvent passionnées.

Les personnalités du commanditaire et de l'architecte, de même que le caractère de l'entreprise (impliquant débat public et publicité) contribuent à faire du projet, du chantier, de la cité, une affaire suivie de très près, suscitant des réactions d'intérêt, de doute, de rejet, de crainte aussi. Les milieux du grand négoce en vins (entreprenants et innovateurs), le monde ar-

tors) and from the artistic and intellectual milieu (even including "revolutionary" artists) was negative. Those who did not openly deride the "Frugès cubes" kept a cold distance. Similarly, governmental officials, self-employed professionals and local specialists responsible for social issues remained wary, if not openly hostile.

The Client: Henry Frugès

Henry Frugès was 44 years old in 1923; Le Corbusier, 36. Frugès described himself as "more of a researcher, polyvalent artist, architect without a DPLG (French state diploma), painter, sculptor, pianist and composer, writer, art critic, historian etc. than a business man".

In 1929, the family business went bankrupt following the death of Frugès's father. Suffering from a nervous breakdown, he went to Algeria to rest and recover and was not to return to France until forty years later.

Henry Frugès's house in Allées Damour, Bordeaux, served as a testing ground for his first real steps within the world of art: an "exemplary modern house" as he described it. Construction of this private mansion was completed around 1922. Frugès had commissioned a Bordeaux architect Claude Ferret as well as several artists and craftsmen from the Modern Art movement with the project, and Frugès himself designed decorative elements, such as stained glass windows and rugs.

Frugès was by no means the first resident in Bordeaux to commission "modern" artists with designing interior decor, architectural components, or *objets d'art*. But up until then, these creations had remained strictly private and had certainly never stoked the fire for driving a movement or providing the artists with a status in their own right.

tistique et intellectuel (comprenant même des «révolutionnaires» en art), quand ils ne tournent pas en dérision les «cubes Frugès», gardent une distance envers le projet.

La haute administration, les professions libérales, les responsables locaux spécialistes de la question sociale restent méfiants, sinon hostiles.

Le commanditaire : Henry Frugès

En 1923, il a 44 ans, Le Corbusier, 36. Henry Frugès se définit lui-même comme un «chercheur, artiste multivalent, architecte (sans D.P.L.G), peintre, sculpteur, pianiste et compositeur, écrivain, critique d'art, historien, etc... plutôt qu'homme d'affaires.»

En 1929, à la mort de son père, l'usine familiale fait faillite. Il fait une dépression et part se reposer en Algérie d'où il ne reviendra que quarante ans plus tard.

Son goût pour l'art, il l'expérimente en premier lieu dans sa maison située Allées Damour à Bordeaux, qu'il décrit comme une «maison moderne exemplaire».

L'hôtel particulier Frugès est achevé vers 1922. Henry Frugès en a confié la réalisation à un architecte bordelais, Claude Ferret, et à des artistes et des artisans de l'Art Moderne, membres de sociétés ou à de mouvements se réclamant de cet art. Il dessine lui-même certains éléments du décor : vitraux ou tapis.

Il n'est pas le premier bordelais à avoir sollicité des artistes «modernes» pour réaliser des décors, des éléments architecturaux ou des objets pour sa maison. Mais, jusqu'alors, ces créateurs n'étaient intervenus que dans un cadre strictement privé qui ne leur permettait pas d'obtenir la reconnaissance d'un mouvement ou un statut d'artiste à part entière.

Avec le projet de Pessac, l'échelle change.

Hôtel Frugès, Bordeaux (FLC H1-20-50)
Hôtel Frugès à Bordeaux (FLC H1-20-50)

The Pessac project however turned this situation around.

Painter, designer and "modern" musician, Henry Frugès was to form a working relationship and friendship with Le Corbusier, an artist who shared his beliefs and practices. (9)

Whether it was Frugès, as he claimed during interviews forty-five years later, who decided to have colour splashed on the walls of the housing estate to render them more attractive, rather than leaving them in untreated concrete as originally planned, or whether it was the architect who took this initiative, is of little importance. The significant point is that there was mutual agreement and understanding between the two men as regards "vitalising the walls" and punctuating the rhythm of volumes through polychromy. The fact that they shared a common vocabulary placed them in the same artistic camp.

Any difference between the commission assigned to Le Corbusier and that for the Hôtel Frugès, i.e. between the Esprit Nouveau and Art Nouveau, is merely skin deep. The latter, characterised by undulated and decorative forms, only stands in opposition to purism and cubism in terms of a debate on style. Both movements fought against an official art, namely that represented by institutional and academic bodies, and shared one and the same purpose: an ambition "to integrate art into the daily social life of our epoch".

With Pessac, Henry Frugès continued to apply those principles that he had already put into practice in the Hôtel Frugès. Showers, bathroom facilities, in short everything that touches on daily life, was viewed as art, treated with the same concern for technical, functional and formal perfection: three spheres merged into one.

In 1923, artistic life in Bordeaux was dominated by a single association founded in

Peintre, décorateur et musicien «moderne», Henry Frugès va établir une relation de collaboration et d'amitié avec Le Corbusier, peintre formé dans le même milieu de pensée et de pratiques. (9)

A-t-il lui-même, comme il le dit dans des entretiens 45 ans après, pris l'initiative de ne pas laisser les maisons de la cité en béton brut (comme cela était prévu au départ) et de les rendre plus plaisantes et animées par des couleurs ? La décision a-t-elle été prise, dès le début, par l'architecte ? Peu importe ! Les deux hommes ont une même conception de «l'animation des murs», le rythme des volumes par la polychromie ; ils poursuivent le même combat artistique.

Entre la commande de l'hôtel Frugès et celle faite à Le Corbusier, entre l'Art Nouveau et l'Esprit Nouveau, la rupture n'est qu'apparente.

En effet, l'ornement, la courbe ne s'opposent au purisme, au cubisme, que dans le cadre d'un débat stylistique. La lutte commune aux deux mouvements contre un art officiel, l'institut, l'académisme, recouvre une continuité : la volonté «d'intégrer l'art dans la vie quotidienne, sociale de l'époque dans laquelle on agit». Henry Frugès applique à Pessac les principes qui ont été mis en œuvre à l'hôtel Frugès : douches, sanitaires, tout ce qui touche à la vie quotidienne est art, traité avec le même souci de perfection technique, pratique, formelle, les trois aspects n'en faisant qu'un.

En 1923, à Bordeaux, la vie artistique est dominée par une société, «Les Amis des Arts», fondée en 1851, pour laquelle l'art ne peut être que «classique», reflet d'une vérité immuable et qui constitue un véritable «guide d'opinion». Il faut toutefois reconnaître que cette société n'a pas empêché l'Art Moderne d'exister à Bordeaux. Les artistes modernes y sont aussi nombreux qu'ailleurs mais, s'ils

1851: "Les Amis des Arts". This association rejected all art that was not "classical", i.e. that did not fall within an immutable framework, and constituted a veritable "opinion guide". Nonetheless, it must be admitted that it did not actually prevent the development of Modern Art; indeed there were just as many such artists in this city as in any other. However while these people were known on an individual basis, they were not recognised socially as "artists".

In accordance with the association's statutes, its members had to belong to the bourgeoisie. Any artist or group who defied this artistic dictatorship found themselves up against the political, economic and cultural power wielded by this influential organisation.

In light of such a context, the artistic beliefs and practices of the artist Henry Frugès, combined with the social, political and artistic project of the upper class industrialist Henry Frugès, were bound to create a considerable impact.

As Le Corbusier said: "A great epoch has begun, for all forms of human activity are at last adopting a new spirit: the spirit of construction and synthesis guided by a clear conception. Whatever may be thought of it, it animates today the greater part of human activity. Our aim is to demonstrate that the constructive spirit is just as necessary when painting a picture or writing a poem as when building a bridge (…)".

Bordeaux Architects and Low-Cost Housing

The doctrines of modern art were well known in 1924, the year when construction of the Quartiers Modernes Frugès got underway. Certain Bordeaux architects, some of whom were state-certified, others not, either took on private commissions for small houses, worked with

sont connus individuellement, ils ne sont pas reconnus socialement comme artistes. Ses membres appartiennent, statutairement, à la haute bourgeoisie. Tout artiste qui cherche à échapper à sa dictature artistique, se heurte à son pouvoir politique, économique et culturel.

La conception et la pratique de l'art d'Henry Frugès artiste, le projet social, politique et artistique d'Henry Frugès, grand bourgeois industriel, ne peuvent laisser indifférent.

Comme le dit Le Corbusier : «Une grande époque vient de commencer, car toutes les formes de l'activité humaine s'organisent enfin selon un esprit nouveau : c'est un esprit de construction et de synthèse guidé par une conception claire. Quoiqu'on en pense, il anime aujourd'hui la plus grande partie de l'activité humaine. Nous voulons au contraire, affirmer avec force que l'esprit constructif est aussi nécessaire pour créer un tableau ou un poème que pour bâtir un pont...»

Le milieu des architectes bordelais et la question des maisons à bon marché

Les doctrines de l'art moderne sont connus en 1924, lorsque commence le chantier des Quartiers Modernes de Frugès. Certains architectes bordelais (DPLG ou non) réalisent de petites maisons privées, d'autres travaillent avec l'office d'HBM ou conseillent l'administration. La IXème foire de Bordeaux (1925) présente une série de maisons préfabriquées faisant appel parfois à de nouveaux matériaux (Eternit). Techniques et matériaux sont considérés comme des réponses pratiques, adaptées aux difficultés économiques de l'époque mais ne faisant pas partie des Beaux-Arts.

Mais lorsque, comme à Pessac, on passe d'une commande ponctuelle à une commande posant un problème de société en

the social housing office, or acted as advisers to local governmental bodies. At the Ninth Bordeaux Trade Fair in 1925, a series of prefabricated houses was displayed, some of which heralded new materials such as "eternit". Yet these techniques and materials were merely considered as practical responses to the economic difficulties of the time and were not deemed to be elements that formed part of the Fine Arts. In addition, both traditional and modern architects showed scant interest for commissions such as Pessac which hinged upon theoretical social issues.

By way of contrast, Le Corbusier (and Henry Frugès) founded his action on a philosophy, a faith, a definition of man, of life, of art, thereby setting a dynamic process in motion that threatened social balances and established orders at a time when these were already considered fragile. The stance adopted by both men on issues relating to art and politics was unsettling and kindled considerable antagonism when difficulties began to be encountered during the construction phase.

The Quartiers Modernes Frugès: Local Context

The backdrop to the Quartiers Modernes project and construction of the housing development was one of regional/national economic crisis and workers' protests, allied with a steady rise in socialism and trade unionism.

In the period between 1920 and 1930, and particularly 1924–1927, Bordeaux, like the rest of France, was weathering economic, social and political storms in all sectors of private and public activity. This turmoil would negatively impact the housing scheme at Pessac.

In 1924, the year in which construction commenced for both Lège and Pessac, the French franc was in dire straits. The

termes théoriques, cela n'intéresse guère les architectes, qu'ils soient traditionnels ou modernes.

Or Le Corbusier, tout comme Henry Frugès, fonde son action sur une philosophie, une foi, une définition de l'homme, de la vie, de l'art qui induit une dynamique mettant en danger les fragiles équilibres sociaux de l'époque.

Les prises de position de Le Corbusier et d'Henry Frugès sur les questions d'art et de politique dérangent et entraîneront de nombreuses réactions négatives lorsque le chantier rencontrera des difficultés.

Les Quartiers Modernes Frugès et le contexte local

C'est dans un contexte local et national de crise, de revendications ouvrières, de montée du socialisme et du syndicalisme que se situent le projet des Quartiers Modernes et la réalisation de la Cité.

Entre 1920 et 1930, et plus particulièrement de 1924 à 1927, Bordeaux comme le reste de la France, subit une très grave crise économique, sociale et politique qui touche tous les domaines publics comme privés et qui va avoir un impact sur la réalisation du projet.

En 1924, date du démarrage des chantiers de Lège et Pessac, le franc se porte très mal. Il chute en mai 1925 et ne sera stabilisé qu'en octobre 1927 (dévaluation du 4/5ème de sa valeur : franc germinal à 20 centimes), entraînant une augmentation constante des prix des matériaux et une crise dans tout le secteur du bâtiment.

De plus, la crise sociale est aggravée par la hausse des loyers (bloqués pendant la guerre de 14–18). Les problèmes fondamentaux du logement et de l'organisation de la ville doivent être résolus de toute urgence.

currency finally collapsed in May 1925, and was not to regain stability until October 1927 after being devaluated to four-fifths its previous value. This led to a steady increase in building material costs and recession throughout the entire construction industry.

In addition, the social crisis was worsened by the rise in rents that had been frozen during World War I. The fundamental problems relating to housing and urban planning therefore necessitated urgent solutions.

The government decided to step in and tackle the situation, and as part of its action plan created an economic growth region in the Gironde area. Communes consequently grouped together so as to better control their expansion, social changes, production, distribution, and energy costs and they negotiated with utilities to install water, gas and electricity infrastructure. Public establishments switched from gas to electric lighting.

The years between 1920 and 1930 witnessed a rapid succession of new legislation and official directives, together with the setting up of commissions on public health issues, town expansion and housing development regulations etc. Within this framework, the municipal authorities viewed the "Frugès housing scheme" as just one development among many that had to comply with the new directives.

Innovative techniques were also being employed in large-scale industrial programmes such as an aerodrome, a sanatorium in Pessac and the Grands Moulins, on the right bank of the Garonne. This was the reign of industrialisation, of rationalisation, of Taylorism. Study trips to the US were numerous – for example René Vrinat, an engineer with Frugès's company, spent a year there before taking on construction of the housing estate.

The fundamental social issue raised by Henry Frugès and Le Corbusier must

L'Etat intervient et crée, en Gironde, une région économique. Les communes se groupent pour mieux maîtriser leur croissance, les changements sociaux, la production, la distribution et le prix des énergies. Elles négocient avec les Compagnies pour effectuer les travaux d'adduction d'eau, de distribution de gaz et d'électricité ; les établissements publics passent de l'éclairage au gaz à l'éclairage électrique... Entre 1920 et 1930, textes de loi, circulaires ministérielles et préfectorales, commissions d'hygiène, d'extension des villes, règles de lotissement... se succèdent rapidement. Le «lotissement Frugès» n'est pour l'administration qu'un lotissement parmi d'autres et doit s'aligner sur les nouvelles réglementations.

De vastes programmes industriels utilisent de nouvelles innovations techniques : aérodrome, sanatorium à Pessac, Grands Moulins sur la rive droite de la Garonne... C'est le règne de l'industrialisation, de la rationalisation, du taylorisme et les voyages d'étude aux Etats-Unis se multiplient (René Vrinat, ingénieur chez Frugès, y passe un an avant de prendre en main le chantier de la Cité).

C'est donc dans un contexte local de crise, mais dynamique et en pleine transformation, qu'interviennent sur le problème fondamental de la «question sociale» Henry Frugès et Le Corbusier.

En 1923, les hommes de la fin du XIXème siècle sont toujours en place et les solutions qu'ils préconisent pour résoudre le problème social et la crise du logement sont en continuité avec celles d'avant la guerre. Un industriel (non spécialiste de la question sociale) et un grand architecte posent, en termes nouveaux, la question essentielle de la production, de la fonction du logement et de l'organisation de la Cité. En outre ils proposent une nouvelle définition de l'architecture et de la tâche de l'architecte.

hence be placed within its local context: an ever-changing society, undergoing constant metamorphosis and confronted with a sharp economic and social downturn. It should likewise be remembered that in 1923, the decision-makers were in fact products of the late 19th century and the solutions they recommended to resolve social problems and the housing crisis belonged to the pre-war period.

It took an industrialist (a non-specialist in the field of social issues) and a famous architect to put a new slant on the crucial debate regarding the construction/ function of housing and urban layout. Furthermore, they put forward a new definition of architecture and the architect's role.

The Quartiers Modernes Frugès and Social Housing

Among those influential men in Bordeaux responsible for social issues and housing, a certain Charles Cazalet (1858–1933), friend of both Henry Frugès and René Vrinat, as well as deputy to Mayor Alfred Daney from 1892 to 1905, was to play a decisive role. The three men – Cazalet, Daney and Frugès – shared a common characteristic inasmuch as they were all wine merchants but not "upper class" ones, i.e. not producers of vintage wines nor "Chartrons".

As Le Corbusier said, "Henry Frugès is an achiever, an entrepreneur, an innovator and, as a result, a source of disturbance. He is disturbing when he fights, for years on end, on behalf of public interest urban projects and when he promotes his vision of towns and cities as the interchange for major axes of communication. Although the upper class may be divided in opinion as regards his urban and public projects, on the other hand it unanimously approves (despite political and artistic fissures) the social doctrine that

Les Quartiers Modernes Frugès et le logement social

A Bordeaux, parmi les hommes influents en charge de la «question sociale et du logement», Charles Cazalet (1858–1933), ami d'Henry Frugès et de René Vrinat, joue un rôle important. Il est adjoint au Maire Alfred Daney, de 1892 à 1905. Charles Cazalet, Alfred Daney et Henry Frugès, tous trois négociants, n'appartiennent pas au «négoce noble» : celui du grand vin et des «Chartrons».

Comme le dit Le Corbusier : Henry Frugès est un réalisateur, un homme d'entreprise, d'innovation qui dérange : il se bat, pendant des dizaines d'années, pour des projets urbains «d'intérêt public» et pense la ville en termes de grands axes de communication. Si la bourgeoisie est divisée sur ses projets urbains ou publics, elle est en revanche unanime (en dépit de clivages politiques ou artistiques) sur la doctrine sociale qu'il défend et sur les réalisations qui en découlent.

C'est Charles Cazalet, en 1893, qui crée et préside la première société d'HBM (Habitation à Bon Marché) de Bordeaux (10) ; en effet, la petite maison, le logement ouvrier, ne relèvent plus uniquement de l'initiative privée, mais également de l'aide et de l'encouragement de l'Etat. Dans le cadre de la loi Loucheur, l'Office public conçoit et réalise, de 1921 à 1930, de nombreux groupes d'habitations. M. de Monzie, Ministre de la Construction, les visitera en 1926, en même temps que la Cité Frugès.

Toutefois, l'initiative privée se poursuit :
· des sociétés immobilières achètent des terrains et les revendent en lots à des particuliers ou à des sociétés d'épargnants (Verthamon à Pessac) qui construisent ou font construire

he upholds and the ensuing works that are realised."

In 1893, Charles Cazalet created and chaired Bordeaux's first low-cost housing association (Habitation à Bon Marché – H.B.M.). (10) This led to small workers' dwellings being funded by state aid, instead of purely by private ventures. With the passage of the Loucheur Act, the public works office designed and built several housing schemes between 1921 and 1930. Monsieur de Monzie, Minister of Public Works, visited these in 1926 at the same time as the Cité Frugès.

Nonetheless, private ventures continued to be pursued:
· property developers bought up land and sold it off in parcels to investment companies, such as Verthamon in Pessac, which then built or commissioned constructions on these plots;
· industrialists constructed houses for their workers;
· many owners sold off plots of meadow and moor land which were purchased with a view to constructing housing estates.

In terms of its programme and design, the scheme for the Quartiers Modernes spurned all contemporary norms. After his first few meetings with Le Corbusier, Henry Frugès decided to buy the land through his own means, paying FRF 150,000. Having signed the deed of sale in May 1924, he resolved to undertake the construction of around one hundred dwellings, seeking out the architect of his choice and adopting a doctrine on social housing which, in terms of originality, far outstripped that of the mainstream Bordeaux approach: the belief that housing touches on the very core of society – the family. "Without housing there is no family. Without family there are no morals. Without

· des industriels construisent des maisons pour leurs ouvriers
· de nombreux propriétaires vendent leurs prés ou leurs landes pour faire des lotissements.

Les objectifs des Quartiers Modernes (programme et conception) ne rentrent dans aucune norme. Henry Frugès achète le terrain seul, après ses premières rencontres avec Le Corbusier, pour une somme de 150 000 francs ; l'acte de vente est signé en mai 1924.
Il s'apprête alors à assumer seul la réalisation d'une centaine de maisons : il choisit un architecte et une doctrine très originale par rapport à la manière dont est généralement abordée, à Bordeaux, la question du logement social qui touche les fondements même de la société, notamment la famille.
«Sans logement, il n'y a pas de famille, sans famille, il n'y a pas de morale, sans morale, il n'y a pas d'hommes. Sans hommes, il n'y a pas de patrie» (groupe HBM. Jules Simon).
Charles Cazalet déclarait, en 1904 : «la maison doit développer l'esprit d'ordre et d'épargne. Il (l'ouvrier) n'est plus payé du prix de ses efforts par son salaire, qu'il peut croire toujours insuffisant. Sa récolte (le jardin ouvrier) qui lui appartient toute entière ne subit aucun prélèvement. Ainsi le sentiment de la propriété individuelle s'affirme en lui, et il est prémuni par là, c'est un fait d'expérience, contre l'invasion des doctrines subversives de l'ordre social qui trouve tant de crédit auprès des indigents.»
Dans la logique de ce raisonnement, on peut expliquer le manque d'entretien (dès le premier jour) des maisons de la Cité Frugès par le fait qu'elles avaient été «acquises sans l'effort de l'épargne, par des familles à faibles revenus, par des travailleurs non qualifiés». Ce n'est pas l'architecture qui est mise en cause,

morals there are no men. Without men there is no homeland".

(Jules Simon – Groupe HBM)

In 1904 Charles Cazalet stated: "the house must create a spirit of order and saving. He (the worker) is no longer paid for his efforts merely by a salary, which he may always consider insufficient. The produce from his garden belongs entirely to him and is subject to no levy. He thus begins to experience the sensation of individual ownership, and by means of this is protected from those subversive social doctrines that are so favoured by the poor".

Within this framework of reasoning, the lack of upkeep suffered by the Frugès housing development from the very first day can be explained by the fact that the dwellings had been "acquired with no effort of saving, by low-income families, by unqualified workers". It is hence not the architecture that should be questioned, but rather the sales methods of 1928. Following the above logic, the Loucheur Act (11) enabled people to purchase houses without having to take on board those moral qualities instilled through the saving process, notably the belief that property is a form of capital which has to be conserved and whose value must be built on.

Two theories of the human condition enter into conflict here: on the one hand, pessimism, the social economic doctrine described through the aforementioned words of Charles Cazalet; on the other hand optimism, the concept of the Esprit Nouveau, championed by Le Corbusier and Henry Frugès.

While both doctrines stipulate that the house be "salubrious and hygienic", they differ in the roles they assign to light and air and the importance they accord to time. In the two doctrines, both the architect and client are responsible for ensuring domestic and social hygiene; they serve a formative purpose and therefore play a significant social role. In both cases,

mais le mode de vente de 1928, la loi Loucheur (11) ayant permis d'acquérir des maisons sans disposer des qualités morales que confère l'épargne, qui attachent à une propriété et la font considérer comme un capital à entretenir et à valoriser.

Deux conceptions de l'homme s'opposent : une pessimiste, celle de l'économie sociale telle que nous l'avons décrite plus haut à travers les propos de Charles Cazalet ; une plus optimiste, celle de «l'Esprit Nouveau», défendue par Le Corbusier et Henry Frugès.

Dans les deux doctrines, la maison doit être «salubre, hygiénique» mais l'air et la lumière n'y ont pas les mêmes fonctions, le temps pris en compte n'est pas non plus le même.

L'architecte, comme le commanditaire, ont également le devoir d'assurer l'hygiène domestique et l'hygiène sociale ; ils ont un rôle d'éducateur, un rôle social important. L'air, la lumière, l'eau sont des éléments indispensables à la santé (la lutte antituberculeuse est ardente, les maladies de la misère et des logements insalubres sont visibles dans la ville).

Dans la doctrine classique, il s'agit de veiller à ce que la santé individuelle (garante du bon fonctionnement économique et social de la société) soit assurée ; dans la conception des Quartiers Modernes, l'air et la lumière sont les matériaux mêmes de l'architecture ; l'air, les arbres, les jardins pénètrent les cellules. La maison et la cité n'assurent pas qu'une fonction de «récupération», elles procurent également bonheur et plaisir et libèrent du temps.

Le temps libre dont peuvent disposer les classes populaires, est un des soucis majeurs de la classe dominante. Il peut être dangereux : on peut se rassembler en dehors de tout contrôle, on prend de mauvaises habitudes, on devient paresseux, on risque d'avoir des idées, des sentiments contraires à l'ordre établi.

air, light and water are considered crucial to good health (a fierce anti-tuberculosis battle was being waged at the time and disease resulting from poverty and slums was widespread). However, while the traditional doctrine hinges upon maintaining individual health in order to guarantee effective economic and social functioning, the one upon which the design for the Quartiers Modernes was founded focuses on air and light as essential architectural components: air, trees and gardens penetrate the housing units. The dwellings fulfil a role that goes far beyond that of mere "recuperation": they free up time and hence become the catalyst for happiness and pleasure.

Free time for the working classes was a major concern for the dominant class of that period, who perceived this as a dangerous time when men could meet without being exposed to any social pressures or controls; a time when bad habits could be formed and men become lazy. Worse, if man is alone, subject to no constraints, then he may start conceiving ideas and beliefs that go against the established order. Consequently, since free time for the lower classes could not be completely suppressed, then this had to be a time in which man was occupied, a time in which he was overseen, a time in which he could be morally educated within a specific framework. This was where housing played a major role.

In 1919, the working class secured the eight-hour working day (12), a major triumph whose economic and moral consequences were still being debated in 1923. It was an issue that was inextricably linked with housing, suburban expansion and the doctrine of garden cities.

Le Corbusier's concept of housing and urban planning also embraced the notion of time, and in particular free time, but from a contrasting angle. Both he and Henry Frugès regarded leisure time as the mo-

Le temps libre, s'il ne peut être complètement supprimé, doit être occupé, surveillé et contribuer, avec le logement, à fixer, à éduquer l'homme dans une morale imposée.

Les ouvriers ont accédé aux huit heures de travail quotidien en 1919 (12). Les conséquences économiques et sociales de cette importante conquête font toujours l'objet de discussions en 1923 et sont indissociables de la politique du logement, de l'extension en banlieue des pavillons, de la doctrine des cités-jardins. Le Corbusier prend en compte, dans sa conception du logement et de l'urbanisme, le temps dans son ensemble, mais aussi le temps libre.

Pour Le Corbusier et Henry Frugès, le temps libre doit permettre l'épanouissement qui passe par la musique, le théâtre, l'art ou d'autres activités libres, non définies et non limitées à un groupe social.

L'architecture aide à se libérer des tâches aliénantes ; elle augmente la qualité, mais aussi la durée du temps libre. Les équipements domestiques sont étudiés dans cette optique : chaque geste de la vie quotidienne (et les éléments matériels correspondants) est pensé et pris en compte : poignée de porte, douche, porte-manteaux... L'architecture crée un espace permettant l'épanouissement de l'homme, de sa vie spirituelle et sensible. «L'esthétique pénètre tout».

Pour Le Corbusier, l'architecture permet une morale totalement différente de celle de l'économie sociale.

ment for fulfilment, for enjoying music, theatre, art and other activities that should, they argued, be available to more than just one specific social stratum. They perceived architecture as the liberator of alienating tasks, since it increases not only the quality but also the duration of spare time. Domestic amenities were designed in step with this notion; each gesture made in daily life was accounted for and corresponding functional elements created: door handles, showers, coat stands etc. Architecture creates a space that leads to the fulfilment of man, that satisfies his spiritual and emotional needs. "Aesthetics pervades everything".

For Le Corbusier, architecture induced a morality that differed in every aspect from that advocated by contemporary social economists.

The Construction Plot

The commune that played host to this experimental project was stamped with specific features in terms of its site, setting and history, characteristics that largely impacted the construction and ensuing existence of the housing estate.

In 1923, Pessac was a fast-expanding rural suburb, beset with all the problems that such enlargement of a rural commune engenders. Ideally situated on a road that starts out from Bordeaux, serving the Landes region and the Archachon Basin, it enjoyed a certain reputation amongst the Bordeaux population for its "pure air, climate and pleasantness". Pessac has substantial growth potential. Together with Mérignac, which borders the longest section of Pessac, it is one of the largest communes of the Bordeaux suburbs (38 km^2 surface area). Situated in the south-west of Bordeaux, it stretches 15 kilometres along the Route

Le terrain des Quartiers Modernes Frugès

La commune dans laquelle s'expérimente le projet possède des caractères spécifiques de site, de situation, d'histoire ; ces caractères ont une influence sur la réalisation et sur la vie de la Cité.

En 1923, Pessac est une banlieue en pleine extension, aux prises avec tous les problèmes que cela pose à une commune rurale. Cette banlieue est connue des bordelais, pour la «pureté de son air, son climat, son agrément». Elle est située sur un axe d'extension privilégié de Bordeaux, celui des Landes et du Bassin d'Arcachon.

La commune a de grandes capacités de croissance ; elle est, avec Mérignac qui la borde sur sa plus grande longueur, une des communes les plus étendues de la banlieue bordelaise (38 km^2 de superficie). Située au sud-ouest de Bordeaux, elle s'allonge sur 15 km le long de la route d'Arcachon. Deux grands axes traversent la ville : une ancienne route très fréquentée (RN 250, Bordeaux/Arcachon) et une ligne de chemin de fer (la 4ème construite en France en 1841, Bordeaux/La Teste).

Elle comprend encore des forêts, des landes, des grands domaines, deux grands vignobles classés (Chateau Haut-Brion, Chateau Pape Clément), situés de l'autre côté de la route nationale, presqu'en face des Quartiers Modernes.

Le 18 juin 1920, le conseil municipal de Pessac décide le classement de la commune en «station climatique» (loi du 13 avril 1910). Un des grands programmes de l'architecture moderne d'entre les deux guerres, le «sanatorium girondin» projeté en 1921, est construit presque en même temps que les Quartiers Moder-

d'Arcachon. Two major communication axes cross the town: the Bordeaux/Arcachon road – an old busy highway (RN 250), and a railway line (Bordeaux/La Teste, built in 1841, the fourth constructed in France).

The commune encompassed, and still does, forests, moors, large private estates and two classified vineyards (Château Haut-Brion and Château Pape Clément). These are situated on the other side of the main road, practically opposite the Quartiers Modernes.

On 18 June 1920, the municipal council of Pessac decided to classify the commune as a "health resort" (law enacted on 13 April 1910). One of the region's major architectural programmes during the inter-war period was built around the same time as the Quartiers Modernes: the "Gironde Sanatorium", for which the plans were drawn up in 1921. This building, constructed on a 14-hectare site in the Feuillas domain, stands atop one of the highest points in the region, thereby "receiving pure air from the pine forest".

During the period between 1920 and 1930, both Pessac and Mérignac experienced the largest development of free-standing dwellings and housing estates in the region (around 45% of the land parcelled out at this time, i.e. more than four hundred hectares over the two communes).
Practically all these housing schemes, along with the Quartiers Modernes, saw the light of day against a backdrop of financial and legal entanglements relating to road maintenance and utilities. The post-war period was characterised by general recession and the communes had no available resources to oversee construction. This situation was not facilitated by the fact that water, gas and electricity

nes, sur le domaine de Feuillas (14 hectares), l'un des points les plus élevés de la région, «recevant l'air pur de la forêt des pins».

Pessac, est, avec Mérignac, l'une des communes dans lesquelles (entre 1920 et 1930) la construction de pavillons isolés ou de lotissements prend le plus d'ampleur (45 % environ de la surface lotie dans cette période, soit plus de 400 ha sur ces deux communes).
Dans presque tous ces lotissements, se posent, comme pour les Quartiers Modernes, des problèmes économiques et juridiques de voirie et d'assainissement. En effet, dans la crise générale de l'après-guerre, les communes ne disposent pas des moyens pour maîtriser les lotissements et leur construction.
D'autant plus que l'eau, le gaz, l'électricité n'existent que dans une faible partie de Pessac et que la plupart des routes ne sont que des chemins de campagne.

Le terrain de 38 882 m^2 acheté par Henry Frugès, a pour limites les deux grands axes de communication qui traversent la commune. Il est à l'époque, «en pleine campagne», dans le village du Monteil. Un terrain communal, l'actuelle place du Monteil, non encore aménagée, sépare le lotissement de la route, à partir de laquelle il est alors encore visible.
Le site est formé de 3 parcelles : une de terre en bois et taillis, 2 de prairies. Il est coupé par un chemin vicinal, l'actuelle rue Xavier Arnozan.

Sur ce terrain à caractère rural, les Quartiers Modernes vont être conçus comme une «cité-jardin».

En 1924, l'urbanisme est une science toute jeune ; les conceptions de Le Corbusier sont novatrices et plutôt étrangè-

were only distributed to a small portion of dwellings in Pessac and that the majority of roads were country lanes.

The 38,882 m² plot of land purchased by Henry Frugès which, at the time of construction sat in the heart of the country in the village of Monteil, is bounded by two major communication axes that traverse the commune. One of these – the road – is separated from the housing estate by a public space which today forms the town square of Monteil (not built at the time of the project); the dwellings can in fact still be glimpsed along this approach road.

The site consisted of three parcels of land: one wooded area and two meadows. A by-road cut through the terrain, today the Rue Xavier Arnozan. It is within this rural context that the Quartiers Modernes were to adopt the form of a "garden city".

In 1924, urban planning was a new science and Le Corbusier's concepts were perceived as innovative proposals, somewhat alien to the urban planning regulations that were being drawn up. It is important to remember that only two years had elapsed since Le Corbusier had presented his fundamental principles of modern urbanism at the Salon d'Automne in November 1922. (13)

In view of these deep-rooted changes that were taking place, special commissions were set up whose role it was to discuss and advise on the plans for "extension and arrangement of towns and cities". The Quartiers Modernes garden city, an ordinary housing scheme for municipal authorities, was severely criticised in administrative reports. It is to be noted however, that these critics were not basing their judgement on the new urban doctrine that had recently emerged, but rather on 19th-century town planning concepts which slotted rural and urban

res aux réglementations d'urbanisme qui se mettent en place. C'est en effet en novembre 1922, au salon d'Automne que Le Corbusier présente les principes fondamentaux de l'urbanisme moderne. (13) A cette époque, les «commissions d'extension et d'embellissement des villes» constituent des outils de réflexion et de conseil.

La cité-jardin des Quartiers Modernes, lotissement banal pour l'administration, est jugé sévèrement dans certains rapports administratifs. Les critiques de jugement ne sont pas ceux d'une doctrine d'urbanisme toute nouvelle, mais ceux du XIXème siècle, des classements des constructions en zone rurale et zone urbaine, définissant des caractères propres aux deux zones qui doivent être conservés.

Ainsi les trois rapports des agents-voyers de la Gironde (cantonal, d'arrondissement, en chef) du 1er septembre 1925 sur le lotissement du quartier Frugès au Monteil, critiquent sévèrement la situation du quartier à 8 km de Bordeaux, la densité des constructions et les espaces restreints réservés aux jardins. (14)

C'est donc dans un contexte difficile que les architectes et Henry Frugès vont concevoir et faire aboutir leur projet.

Le plan-masse : différentes esquisses

Le projet initial prévoyait un ensemble de 130 maisons réparties en quatre secteurs : A, B, C et D. Dès le premier plan-masse, les grands principes sont déjà fixés.

Le secteur A

Dans la partie la plus étroite et allongée du terrain, une rue, tracée de la place du

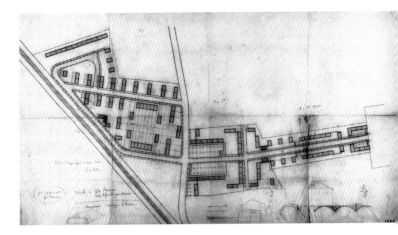

Location plan: sectors A, B, C and D (FLC 19853)   Plan de situation : secteurs ABCD (FLC 19853)

The Quartiers Modernes Frugès/Quartier Monteil: plot plan (FLC 19905)   Quartiers Modernes Frugès/Quartier Monteil : plan des lotissements (FLC 19905)

construction into two different categories, enforcing specific regulations upon each one.

As a result, three specific factors came under heavy fire in the reports submitted by the Gironde communal and regional surveyors on 1 September 1925 concerning the Frugès housing estate in Monteil: the eight-kilometre distance separating the site from Bordeaux, the density of the constructions and the restricted garden space. (14)

All this clearly reveals the thorny context within which the architects and Henry Frugès were to undertake the design and construction of their project.

The Site Plan: Various Preliminary Sketches

The scheme was originally intended to comprise some one hundred and thirty houses spread over four sectors A, B, C and D. The main principles had already been set in the very first site plan.

Sector A

In the longest and narrowest section of the site, a road is marked from the Place du Monteil (main town square) leading towards the railway track and lined at alternating intervals with rows of houses and free-standing dwellings. Its entrance point, the Place du Monteil, features a small square, and several drawings later took on a monumental character via the design of an entrance building – a cavity-wall apartment block conceived as an ensemble of houses laid on top of one another. (15)

Monteil en direction de la voie ferrée, est bordée, alternativement, de maisons en bande continue et de maisons isolées sur leurs parcelles. Elle démarre, place du Monteil, par une placette et sera «monumentalisée» ultérieurement par un immeuble porche (à «alvéoles») conçu comme un ensemble de villas superposées. (15)

Le secteur B

Cette rue conduit à une petite place délimitée par des maisons disposées en bande continue comprenant un rez-de-chaussée, un étage et une terrasse qui se font face. Certains rez-de-chaussée sont prévus pour accueillir des commerces dont, explicitement, un café.
Plantée d'un mail, cette place reprend le système des arbres d'alignement de la rue. Pour affirmer le côté public du lieu et marquer sa centralité, un fronton de pelote basque, comme à Lège, est prévu sur le côté nord.
Cette place (dont il ne reste que l'emprise au sol) joue un rôle important dans le plan du lotissement car elle marque la fin d'une séquence urbaine et, simultanément, permet son articulation spatiale avec les deux autres secteurs (C et D) du plan général que Le Corbusier devra organiser de manière très différente, étant donné l'irrégularité du terrain.
La rue (actuellement rue Henry Frugès) est prolongée en limite de terrain vers la voie ferrée ; le chemin vicinal en limite nord devient la rue Xavier Arnozan ; le terrain est ensuite redécoupé par la rue devenue rue Le Corbusier, la rue des Arcades n'ayant qu'une fonction de desserte des parcelles en cul de sac devant le Bois de la Bonnette.
Le secteur C se trouve ainsi défini, entre la rue Frugès et la rue Le Corbusier, tandis que le secteur D occupera toute la limite ouest du terrain.

Sector B

This same road leads to a small public plaza bounded by rows of dwellings, each of which contains a ground floor, upper storey and terrace, laid out in a vis-à-vis arrangement. Some of the ground floor space was designed to accommodate shops and a café.

The plaza is planted with trees that continue the pattern of those lining the street.

In addition, so as to proclaim the public nature of the square, and to mark its centrality, a front wall for pelote basque, like the one in Lège, was planned for the north side. This square, of which only the shape of the plot exists today, played a major role in the plan of the housing estate, since it not only signalled the end of an urban sequence, but also created a spatial link in the plan with the two other sectors (C and D).

In light of the irregular shape of the site, Le Corbusier was compelled to lay out sectors C and D very differently to sectors A and B. The street (today the Rue Henry Frugès) extends beyond the site's boundaries towards the railway line, while the by-road on the northern edge becomes the Rue Xavier Arnozan; the site's borders are then once again cut, by the street that is now the Rue Le Corbusier, while the Rue des Arcades merely acts as a service road for the cul-de-sac areas in front of the Bois de la Bonnette.

Within this setting, sector C is slotted in between the Rue Henry Frugès and the Rue Le Corbusier, with sector D occupying the entire western edge of the terrain.

Sector C

This sector lies in the best part of the site. Organised around a central space made up of private gardens (16), it is bordered by two "staggered" rows of

Le secteur C

Situé sur la partie la plus favorable du terrain, il s'organise autour de l'espace central des jardins privés (16), délimité par les deux lignes de maisons en «quinconce» se faisant face.

Au fond des jardins, sont prévus des poulaillers et clapiers.

Dans le premier plan-masse, cet espace est fermé symétriquement, au nord et au sud, par deux fois deux maisons disposées en net recul par rapport à la rue, parallèles à celles de la rue Arnozan, formant un «Z», figure emblématique de l'esprit de combinatoire, un des éléments fondateurs de la conception du projet de Pessac. (17)

L'orientation des maisons du cœur d'îlot sera alors basculée de 90° afin de permettre une meilleure accroche géométrique et spatiale avec le groupe des maisons dites en «Z».

Deux maisons (au nord) disparaîtront dans le plan-masse définitif, «aérant» ainsi le parcellaire au bénéfice des maisons placées en «Z».

Organiser la partie restante du terrain (plus ingrate et de forme triangulaire) nécessitera plusieurs esquisses.

Dans le premier plan-masse, c'est la typologie des maisons «gratte-ciel» qui sera adoptée jusqu'au bout de la rue Le Corbusier ; dans la version définitive, elles seront remplacées par un ensemble de cinq maisons en «quinconce».

Les triangles résiduels seront occupés par des maisons de type exceptionnel, disposées de manière isolée mais toujours dans l'ordre géométrique de la composition générale.

Le secteur D

Il comprend le côté ouest de la rue Le Corbusier et la totalité de la rue des Arcades.

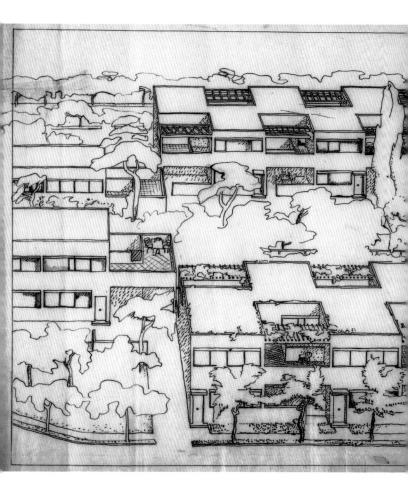

Bird's-eye perspective: sector C (FLC 19879)
Perspective d'ensemble : secteur C (FLC 19879)

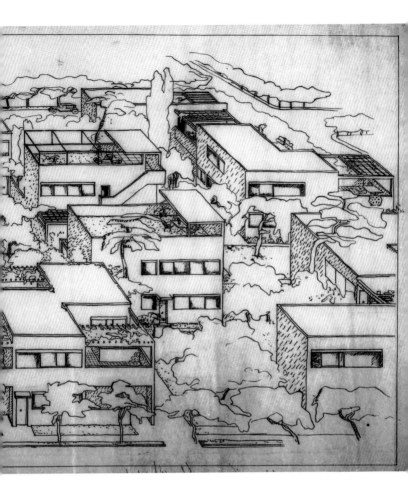

housing facing one another. In addition, it was intended that hen houses and rabbit hutches be installed at the back of the gardens.

In the first site plan, this central space is symmetrically closed off in the north and south by two pairs of houses set firmly back from the street, parallel to the houses on the Rue Arnozan. These pairs create a "Z" formation, emblematic figure of the combination principle that forms the underlying design concept of the Pessac project. (17)

The houses positioned in the heart of the scheme were shifted 90°, thus ensuring improved geometrical and spatial links with the so-called "Z" dwellings, while two houses in the north were eliminated from the final site plan, clearing the plot of land for the houses arranged in "Z" formation.

Several sketches were required to organise the remaining land in the site, since this was of an awkward triangular shape. In the first site plan, the skyscraper type takes up the whole length of the Rue Le Corbusier; however, these buildings were replaced in the definitive version by a set of five "staggered" houses. Variant house types were to occupy the remaining triangular parcels, arranged at isolated intervals, yet still respecting the geometric order of the overall composition.

Sector D

This sector encompasses the west side of the Rue Le Corbusier and the whole of the Rue des Arcades.

The Rue Le Corbusier is immediately characterised by the "skyscraper" formation whose rhythmic pattern runs the entire length of the street, only broken up at either end by means of:
· replacing the skyscraper that was initially planned to mark the street's entrance with a variant house type;

La rue Le Corbusier est tout de suite dessinée de ce côté là, par le rythme des «gratte-ciel» qui se répètent tout au long de la rue.

Seules les deux extrémités diffèrent :
· Pour marquer l'entrée de la rue, le premier «gratte-ciel» prévu sera remplacé par un type exceptionnel.
· Vers la voie ferrée, la solution de liaison à la rue des Arcades, finalement adoptée, permettra de conserver un «gratte-ciel» plutôt que d'avoir à imaginer un type exceptionnel, de petite dimension, pour occuper la parcelle triangulaire restante.

La rue des Arcades est très particulière. Voie de desserte en impasse plutôt que véritable rue, elle exprime de manière évidente, géographiquement mais aussi par l'expression de sa volumétrie, la limite extrême de la Cité.

Son tracé a légèrement évolué au fur et à mesure des études ; prévue comme une rue en boucle, elle devient une impasse pour les véhicules, ponctuée à son extrémité nord par un arbre isolé.

La dimension des parcelles, elle, va changer de manière significative : les 13 parcelles initiales ne seront finalement plus que 7.

Ce plan-masse par sa complexité, sa diversité, la qualité des espaces urbains, les hiérarchies introduites, se situe bien dans la tradition conceptuelle des cités-jardins.

Le soin apporté au traitement des espaces extérieurs, trottoirs, plantations, clôture des parcelles en est également un signe.

Malgré tout, on peut déjà remarquer dans ce projet les éléments constitutifs d'un urbanisme «moderne» en rupture avec la tradition : discontinuité, abandon de certaines hiérarchies devant-derrière (18), traitement des bâtiments comme

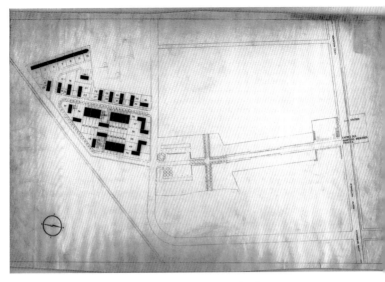

Definitive site plan: sectors C and D
(FLC 19881)

Plan masse définitif : secteurs C et D
(FLC 19881)

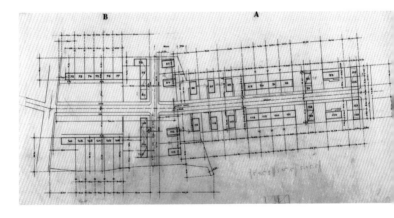

Plan for sectors A and B with numeration
(FLC 19832)

Plan des secteurs A et B avec numérotation
(FLC 198320)

· creating a link-up with the Rue des Arcades, towards the railway line. This allowed the architects to retain the plan for a "skyscraper" rather than designing a small variant type to take up the leftover triangular parcel of land.

The Rue des Arcades is highly singular: while it is more of a no-through service road than a real street, its geographical positioning and expressive play of volumes clearly define the outer limit of the housing estate.

Its course changed slightly during the design phase; originally conceived as a loop road, it finally became a no-through road for vehicle use with its northern edge punctuated by a single tree.

Insofar as the size of the plots is concerned, this was to change dramatically between the initial and final versions: the thirteen original parcels of land counted no more than seven by the end of the design process.

Through its complexity, diversity, quality of urban spaces and introduction of hierarchy, this site plan fits neatly into the conceptual tradition of garden cities, a link that is accentuated by the treatment accorded in the scheme to exterior spaces, pavements, greenery and enclosure of the separate plots. Nonetheless, a host of features making up "modern" urban planning elements that break with tradition are also clearly discernible, even at this early stage: discontinuities, elimination of certain front-back hierarchies (18) and design concepts such as the "skyscrapers" and "staggered" constructions, as well as the free-standing dwellings. These buildings are all conceived as individual sculptured objects whereby "the masterly, correct and magnificent play of volumes are brought together in light". (19)

The roads within the housing estate are systematically lined with trees, and gar-

les «gratte-ciel» ou les «quinconce» comme des objets plastiques isolés : «le jeu, savant, correct et magnifique des volumes assemblés sous la lumière» (19)... s'appliquant également aux maisons d'habitation.

La Cité se constitue, le long de rues systématiquement bordées d'arbres ; les jardins sont omniprésents dans la perception de l'espace public : les maisons sont rarement à l'alignement du trottoir et possèdent un jardin de «devant», filtre entre la rue proprement dite et le bâtiment.

Les constructions sont toujours groupées et forment des masses dont la composition structure fortement les espaces extérieurs. Petit signe d'urbanité supplémentaire : la petite place plantée d'arbres (à l'articulation des deux terrains d'origine), organisée autour de l'arcade de commerces avec logements à l'étage. Tout comme dans le projet d'ensemble, une entrée monumentale de la Cité a été envisagée par les architectes : un immeuble porche de six étages, superposition de «maisons individuelles possédant chacune son jardin suspendu». (20)

Ce thème architectural de «l'entrée» est fréquent dans la conception des cités-jardins.

En même temps, sur ce plan-masse, apparaissent de nouvelles dispositions spatiales :

1° dans le secteur proche des habitations qui constituent la place, les maisons tendent à être isolées au centre de leur parcelle. Une telle implantation se retrouvait parfois dans les cités-jardins traditionnelles ; cependant l'orientation des maisons avec une forte identification de la façade sur rue, le système des clôtures, la proportion entre jardin «de devant» et espaces latéraux, permettaient de distinguer clairement l'espace «montré» et l'espace nettement privatisé «de derrière».

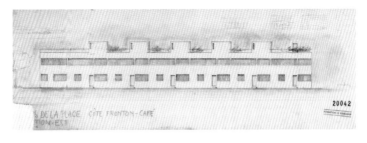

Facade; front wall side (sector B, unbuilt)
(FLC 20042)

Façade côté fronton (secteur B non construit)
(FLC 20042)

Facade overlooking garden (sector A, unbuilt)
(FLC 20037)

Façade sur jardin (secteur A non construit)
(FLC 20037)

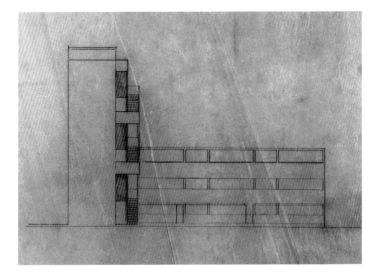

Entrance building facade: sector A (FLC 19887)

Façade immeuble d'entrée : secteur A (FLC 19887)

dens are omnipresent in the shaping of public spaces: houses are rarely aligned with the pavement and boast a front garden which acts as a filter between the street and the dwelling.

The buildings themselves are all set out in groups and form a physical mass whose composition serves to strictly structure external spaces. The link between the two original sites – the small plaza planted with trees, organised around the arcade of shops with dwellings above – likewise exemplifies this type of urban sculpture. Another apt illustration is the monumental "entranceway" to the housing estate incorporated by the architects into the site plan, translated as a six storey cavity-wall apartment block containing layers of "single-family dwellings, each with its own hanging garden". (20) This concept of a "gateway" is an architectural theme that frequently reappears in garden city designs.

Innovative spatial layouts similarly figure in this site plan:
1) In the sector near the dwellings in the square, the houses tend to stand isolated in the heart of their plots of land. This type of arrangement can sometimes be found in traditional garden cities; however in the latter, the dwellings sit squarely facing the road, spaces are closed off, and front and lateral spaces are separated, thereby clearly differentiating between space "on show" and private space behind.

The Pessac scheme is different. External spaces are fused into one whole. This is achieved through an interweaving of volumes, through the plastic vocabulary expressed in the four facades which enables alignment with the road on both the main and smaller sides, and through minimising physical boundaries between the gardens. Conventional orientation of spaces such as front/back, public/private,

Ici, par l'exaltation volumétrique de la maison, par la démonstration plastique des quatre façades qui permet un alignement sur rue par le grand côté comme par le petit, par la volonté de réduire au minimum la matérialisation des limites des jardins, l'espace extérieur s'homogénéise. Les orientations symboliques de l'espace : devant/derrière, public/privé, caché/montré... s'atténuent.

A une juxtaposition de jardins individuels, se substitue un continuum d'espaces verts qui sert d'environnement à un jeu subtil de volumes bâtis (21). Ces derniers structurent un espace urbain volontairement dépouillé, et la simplicité des formes, des jeux d'ombres et de lumières exalte la clarté de la composition.

2° dans le secteur des maisons du type «gratte-ciel» (l'un des côtés de la rue Le Corbusier) un nouveau pas est franchi :
La composition de la rue repose sur un principe de dissymétrie par rapport à l'axe de circulation, exception faite des deux maisons de l'entrée de la rue.
Cette dissymétrie se retrouve :
· dans la hauteur des maisons, les «gratte-ciel» étant presque deux fois plus hauts que les maisons en «quinconce» ;
· dans la disposition des volumes : d'un côté des intervalles presque réguliers entre des constructions identiques, les maisons «gratte-ciel», de l'autre des continuités volumétriques des maisons du type «quinconce», faisant alterner pleins et creux ;
· dans la combinatoire des types : similitude du côté des «gratte-ciel», alternance du côté des «quinconce».
Mais surtout, les types «gratte-ciel», conçus comme une maison à deux appartements accolés et réunis dans une même volumétrie simple, vont entretenir un rapport tout à fait nouveau avec l'extérieur.

hidden/on display etc. disappears, and a continuum of green spaces steps into the place of individual gardens, acting as the setting for the subtle play of built volumes. (21) The latter sculpt a purposefully-stripped urban space, while the simplicity of forms and intermingling of shadow and light magnify the luminosity of the composition.

2) The "skyscraper" sector that makes up one of the sides of the Rue Le Corbusier heralds a new design concept: the street is conceived in asymmetry to the circulation axis, with the exception of the two houses situated at the street's entrance. This asymmetry is reflected in:
· building heights: the skyscrapers are practically twice as high as the "staggered" dwellings;
· layout of volumes: on one side, near-regular intervals of space lie between the identical constructions – the "skyscrapers" – while on the opposite side, the play of masses and voids in the "staggered" dwellings creates a volumetric pattern;
· combination of the house types: similarity for the side housing the "skyscrapers", compared with alternation on the side accommodating the "staggered" dwellings.

Above all else however, it was the "skyscraper" prototype conceived as a house containing two apartments joined together in one built mass that was to introduce an entirely new relationship with the exterior. It is true that in 1924 many traditional garden cities were made up of semi-detached houses, but whether they were designed as one solid entity or as two clearly-recognisable parts, their relation with the public space was always the same: the entrance door could at all times be perceived from the street. In addition, the main facade was always front-facing

En effet, en 1924, bien des cités-jardins traditionnelles étaient déjà constituées de maisons jumelles. Mais celles-ci, composées comme une seule grande bâtisse ou deux entités identifiables, avaient le même rapport direct à l'espace public car la porte d'entrée était toujours reconnaissable depuis la rue. En outre, la façade de représentation donnait toujours sur la rue (et pouvait éventuellement se retourner sur les faces latérales) et la façade arrière était rarement perceptible depuis l'espace public.

Le Corbusier en concevant le type «gratte-ciel» de Pessac va profondément modifier le rapport entre l'organisation des «cellules» et l'orientation de l'espace extérieur, en faisant subir à son assemblage une rotation de 90° par rapport à l'axe de la rue. Ainsi se constituent deux entités qui entretiennent chacune une relation totalement différente avec l'espace public : un appartement «de devant» et un «de derrière» dont l'accès à la rue se fait par un chemin qui traverse les propriétés mitoyennes des appartements «de devant». De plus, en examinant la structure des espaces intérieurs, on constate que les façades latérales (les deux grandes façades) s'organisent de la façon suivante : une façade d'accès (orientée au sud) donne la lumière aux pièces principales, une façade «de services» (orientée au nord) éclaire les cuisines, les paliers, les salles de bains. La systématisation de cette disposition montre que les conceptions hygiénistes de Le Corbusier priment sur les principes d'orientation de l'espace urbain et ne coïncident pas nécessairement avec l'orientation solaire (exemple : les deux «gratte-ciel» en vis-à-vis de part et d'autre de la rue Henry Frugès). Cette indifférence à l'orientation symbolique de l'espace de la rue se retrouve dans le traitement des volumes ; les quatre façades sont étudiées pour leurs effets plastiques, chacune pouvant devenir indifféremment

(and could potentially become a lateral facade), while the rear facade could rarely be glimpsed from the public space.

At Pessac however, by rotating the buildings 90° in relation to the road's axis, Le Corbusier's skyscraper design concept radically altered the link between the organisation of "cells" and the orientation of exterior space. In this way, two entities each enjoy a different relationship with the public space. There is a "front" apartment and a "rear" one, accessed from the street via a path that crosses the party limits of the "front" apartment. Furthermore, when studying the structure of the interior spaces, one notes that the lateral surfaces (two principal facades) are arranged in the following manner: a south-facing access facade distributes light in the main rooms, while the north-facing "service" facade illuminates the kitchens, landings and bathrooms.

The systematisation of this layout clearly illustrates that in terms of urban space, Le Corbusier's concepts on hygiene took precedence over orientation principles, even if this did not coincide with orienting space in line with the sun's course (e.g. the two skyscrapers facing each other on either side of the Rue Henry Frugès). This indifference to symbolic orientation with regards to the street reappears in the treatment of volumes: the plastic vocabulary expressed in the four facades was carefully studied and each one could easily have become a front-facing facade.

Such a layout in relation to exterior space generates a certain overlapping between the "front garden" through which the interior of the house is accessed, and the "service yard" of the neighbouring house. The houses are discerned as free-standing objects composed of pure forms. (22) This sensation is reinforced by three elements: asymmetrical positioning of the stairway that provides access to the terraces, the contrast this provides with the

une façade sur rue. Une telle disposition par rapport aux espaces extérieurs entraîne une certaine proximité du «jardin de devant» par lequel on accède à l'intérieur de la maison, et de la «cour de service» de la maison voisine.

Les maisons sont perçues comme des objets isolés aux formes pures (22), impression renforcée par la position non symétrique des escaliers donnant accès aux terrasses, la contradiction avec la rigueur répétitive de la typologie, l'absence de perception des portes d'entrée depuis la rue. Ces volumes épurés sont posés dans un espace qui tend à l'abstraction, démarche qui rejoint les expériences d'autres artistes de cette époque.

Enfin, la maison «gratte-ciel», dans la façon dont est traité le rez-de-chaussée (en partie ouvert), préfigure le premier des «5 points d'une architecture nouvelle» : la maison «est en l'air, loin du sol, le jardin passe sous la maison...» (23). La maison devient un immeuble de deux appartements, s'éloignant sensiblement des maisons individuelles traditionnelles des cités-jardins.

A Pessac, l'espace «libéré» sera en partie consacré à des services : chai, abri, buanderie et garage. Le toit-jardin ou le jardin suspendu, signe de modernité rendu possible grâce à l'emploi d'un matériau nouveau, le ciment armé, se substitue au jardin «naturel» en pleine terre. Là encore, l'espace moderne tend à l'abstraction.

Plan standard et types de maisons

Un plan standard, base de tous les types de maisons du lotissement, apparaît dans un croquis de 1924.
Esquissé dans les projets de St Nicolas d'Aliermont et de Saintes en 1917, il est précisé dans la conception des types B à Lège.

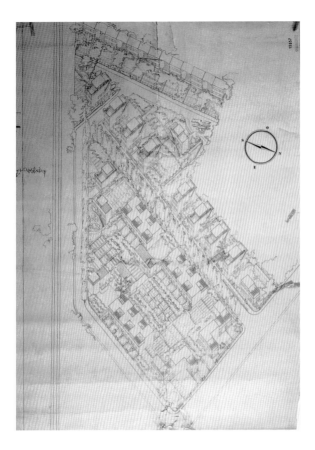

General axonometric: sectors C and D
(FLC 19857)

Axonométrie générale : secteurs CD
(FLC 19857)

strict repetitive pattern produced by the house types, and the lack of entrance doors facing the street. Like other artists of this epoch, the architects experimented with inscribing these stark volumes into a somewhat abstract space.

Lastly, the design concept for the partially-open ground floor of the "skyscraper" is a forerunner of the first of the "Five Points of a New Architecture", insofar as "the house is in the air, far from the ground, with the garden passing beneath the house (…)". (23) The dwelling adopts the form of a building accommodating two apartments, thus shifting from the traditional single-family house type of the garden city.

In the case of Pessac, the "freed" zone was employed partly as a service area, containing storage space, shelter, laundry and garage. The roof garden, or hanging garden – a sign of modernity made possible thanks to utilisation of a new material, reinforced concrete – replaced the "natural" ground-level garden. Once again, modern space is characterised by abstraction.

Standard Plan and House Types

A standard plan serving as the basis for all the house types in the scheme was sketched in 1924. This plan first appears in preliminary sketches for the St Nicolas d'Aliermont and Saintes projects drawn up in 1917; it then became more detailed in the Type B design for Lège.

A straight staircase practically divides in half the living space (lounge) from the service area (kitchen, entrance and "parlour"). This layout is restated on the upper level, where the staircase separates the bathroom and small bedroom from the main bedroom. Apart from one or two exceptions, the dimensions of each house type are identical; it is only their

Un escalier droit sépare, de manière quasi-équivalente, la zone de vie (salle de séjour) de celle des services (cuisine, entrée ou «parloir»). Cette organisation se répète à l'étage : association bains/petite chambre (séparée de la grande chambre par l'escalier). Les dimensions sont identiques, à de rares exceptions près, dans tous les types de maisons ; seules changent les orientations, la disposition des baies et parfois leurs types. Disposer l'escalier dans le sens transversal par rapport à la trame de 5 mètres, posera d'ailleurs des problèmes dimensionnels : les 16 hauteurs de marches nécessaires pour franchir un niveau, et une foulée de 25 cm, réduiront considérablement les paliers de départ et d'arrivée et généreront même quelques difficultés de circulation à l'étage.

Cette cellule de base (quasiment archétypique) permettra, après manipulations et combinatoires géométriques et volumétriques, d'élaborer les différentes variations et de les associer pour composer l'ensemble.

La souplesse de ce «module» est démontrée, en premier lieu dans l'élaboration du type «quinconce» concomitante de la mise au point de la combinatoire des maisons disposées en «Z».

Dans ce type de maisons (les premières conçues semble-t-il), la cellule de base est associée :

· au rez-de-chaussée, à un espace en partie couvert par une terrasse, dans lequel s'insère librement la forme arrondie d'un chai et d'une buanderie délimitant un porche d'entrée dans la maison.

· à l'étage, la terrasse (dont une partie évidée donne du jour à la cuisine), commandée par la plus petite des deux chambres et refermée comme une pièce extérieure par des poteaux et une pergola ; un tel dispositif spatial constitue également un moyen de montrer le

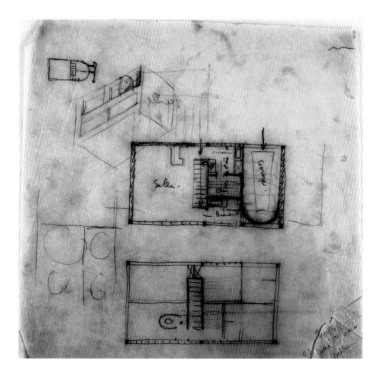

Principle sketch (FLC 19944)   Croquis de principe (FLC 19944)

orientation that changes, along with the arrangement of the bays and sometimes their types.

Locating the staircase transversally in relation to the five-metre grid generated dimension problems: the sixteen steps required to pass from one level to the next, coupled with a narrow 25 cm span, considerably reduced the size of the landings, at times even restricting circulation on the upper level.

It is this quasi-archetypal base cell which, after some geometric juggling and allied with an interweaving of volumes, spawned the different variations and combinations that make up the overall composition.

The flexibility of this "base cell" is demonstrated first and foremost in the "staggered" prototype, whose design was a fine-tuning of the combination of dwellings arranged in "Z" formation.

In the latter formation, seemingly the earliest type designed, the base cell is joined:
· at ground floor level, via a space partially covered by a terrace. A cylindrical storeroom and laundry is inscribed within this area, delineating the form of an entrance porch.
· on the upper level, via the terrace (by which light is channelled into the kitchen) that leads out from the smallest of the two bedrooms. Sectioned off by a pergola and columns, it forms an "outside room", a spatial arrangement that also serves to highlight the parallelepiped within which the masses and voids of the house are contained.

The combination was applied to a set of three houses, connected by one of their gables via a 90° rotation of the base module, thereby forming the characteristic feature of the "Z" arrangement.

parallélépipède dans lequel s'inscrivent les pleins et les vides de la maison.

La combinatoire se fait sur un ensemble de trois maisons associées par un de leurs pignons, dans une rotation à 90° du module de base ce qui forme la figure caractéristique de la disposition en «Z». Les façades s'organisent autour de la répétition des ouvertures sur les deux niveaux: l'association d'une fenêtre en longueur et d'une fenêtre simple (24) marque la composition horizontale de l'une des façades principales où les pleins dominent les vides.

Le type «quinconce»

Le plan du type «quinconce» est pratiquement identique à celui des maisons groupées en «Z» ; toutefois, les façades principales sont basculées sur le petit côté du parallélépipède et le cylindre du chai est positionné dans l'axe de la façade.

Le reste des dispositifs spatiaux est reconduit à quelques exceptions près (par exemple l'emplacement de la cheminée détachée des murs). (25)

En façade, le module employé pour la fenêtre s'adapte aux dimensions plus restreintes du mur.

Le principe général de composition associe, en quinconce, un type de maison faisant apparaître une alternance et une opposition entre les pleins et les creux ; le contrepoint des horizontales et des verticales est marqué par les chais, les cheminées et souligné par la polychromie.

Cet ensemble est contrebalancé par le registre du garde-corps des terrasses qui, en s'articulant au nu des façades mitoyennes, unifie le tout.

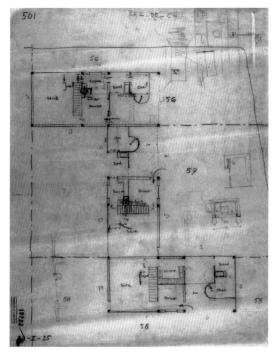

Plan for Z-formation
houses: ground floor
(FLC 19722)

Plan des maisons dis-
posées en Z :
rez-de-chaussée
(FLC 19722)

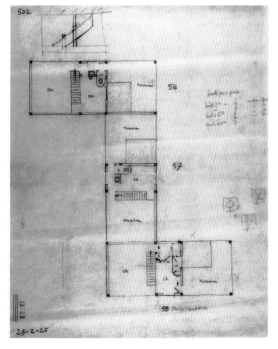

Plan for Z-formation
houses: upper level
(FLC 19723)

Plan des maisons dis-
posées en Z : étage
(FLC 19723)

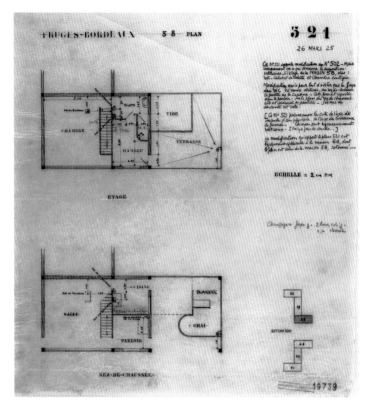

Plan for Z-formation houses (FLC 19739)

Plan des maisons disposées en Z, (FLC 19739)

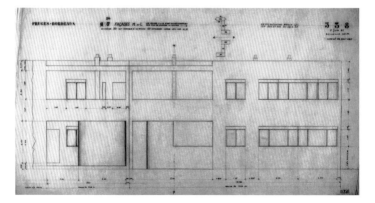

Plans for "staggered" houses: facades
(FLC 19756)

Plan des maisons en «quinconce» : façades
(FLC 19756)

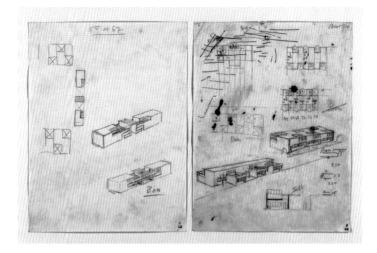

Houses in "staggered" arrangement: sketch
(FLC 19900)

Maisons en «quinconce» : esquisse
(FLC 19900)

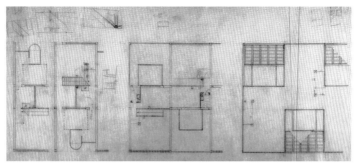

Level plans (FLC 19981)
Plans de niveaux (FLC 19981)

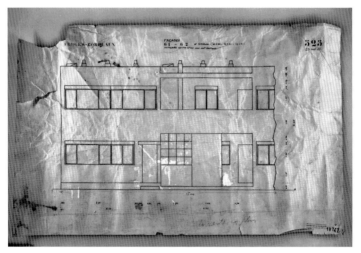

Facade elevation (FLC 19742)
Elévation de façades (FLC 19742)

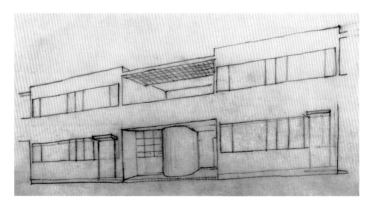

External perspective (FLC 19978)
Perspective extérieure (FLC 19978)

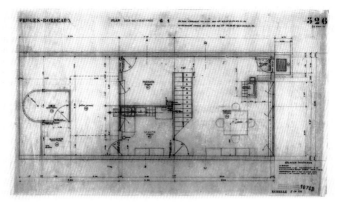

Ground-floor plan (FLC 19743)
Plan de rez-de-chaussée (FLC 19743)

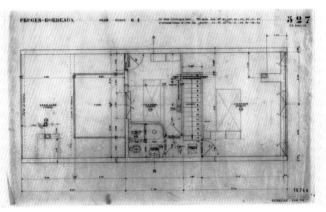

Floor plan (FLC 19744)
Plan étage (FLC 19744)

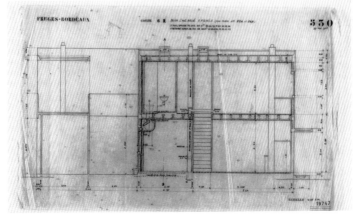

Section (FLC 19747)
Coupe (FLC 19747)

The facades are arranged around a recurring pattern of openings on the two levels: a two-window sequence, comprising strip and standard, (24) punctuate the horizontal composition of one of the main facades where mass dominates voids.

"Staggered" House Type

The staggered plan type is practically identical to the dwellings grouped in a "Z" formation, save that the main facades are tipped on the small side of the parallelepiped, and that the cylindrical storeroom is set within the axis of the facade.
As far as spatial elements are concerned, these are again a near repetition of those employed in the "Z" arrangement apart from a few exceptions, such as the freestanding chimney. (25)
On the facade, the fenestration is adapted to fit the reduced dimensions of the wall. The general principle underlying the composition is to create a specific house type through a staggered arrangement; this creates overall alternation and opposition between masses and voids, coupled with a play of horizontal and vertical forms which is punctuated by the storerooms and chimneys and is underscored by the polychromy. This ensemble is counterbalanced by the terrace balcony rail which runs along the surface plan of the party facades, thus unifying the whole composition.

"Skyscraper" House Type

The "skyscraper" formation is unquestionably the most singular combination prototype derived from the base cell. One could even call it the figurehead of the Quartiers Modernes Frugès – a symbolic flagship of modern movement housing concepts.
The building extends vertically rather than horizontally. Raised from the ground by what can be considered as the

Le type «gratte-ciel»

Le «gratte-ciel» est sans doute le type le plus étonnant conçu à partir de la combinatoire de la cellule de base. On peut même le considérer comme emblématique des Quartiers Modernes Frugès. Il représente en effet le symbole du mouvement moderne en matière d'habitation. Le développement ne se fait pas en extension horizontale mais dans une expansion verticale : soulevée du sol par ce qui peut être considéré comme une préfiguration des pilotis, la cellule est prolongée en hauteur par un niveau supplémentaire : une terrasse, jardin suspendu, à laquelle on accède par un escalier extérieur. Un auvent qui l'abrite en partie et des garde-corps ajourés (marqués par des lisses horizontales très fines) couronnent la composition (références aux ponts et coursives des paquebots, si chers à Le Corbusier). (26)
Presque tous ces éléments sont disposés de façon symétrique (à l'exception évidente de l'escalier extérieur et de la disposition de certaines baies) et donnent la volumétrie d'ensemble du bâtiment.
 Sur la façade donnant sur la rue, les deux lignes de fenêtres horizontales (reprises par celles du garde-corps de la terrasse) se posent en contrepoint à la verticalité du motif général et à la ponctuation des cheminées.
L'ouverture presque carrée du garage a été dessinée dans l'axe, après avoir été esquissée en position excentrée.
La composition de la façade latérale est très équilibrée : les vides du rez-de-chaussée laissent progressivement place à des registres plus pleins, disposant fenêtres en longueur, puis simples meurtrières ; seul le motif plastique de l'escalier vient, comme un point, marquer l'équilibre du plan.

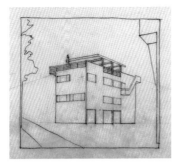

Perspective of a "skyscraper" house
(FLC 19979)
Perspective d'une maison «gratte-ciel»
(FLC 19979)

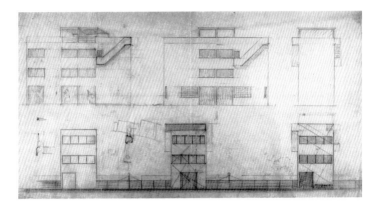

Facades: sketch (FLC 19923)
Façades : esquisse (FLC 19923)

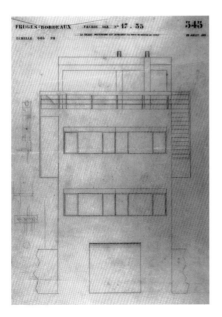

Front facade (FLC 19760)
Façade sur rue (FLC 19760)

precursor of the pilotis, the unit stretches upwards by means of an additional level: a terrace, a hanging garden, accessed by an exterior staircase. The composition is crowned by a canopy and openwork balcony with slender horizontal rails, evoking the decks and gangways of liners – Le Corbusier's much-loved metaphor. (26)

Apart from the obvious exception of the exterior staircase and the arrangement of some bays, symmetry is the general rule here, moulding the overall building.
In the same way, the two rows of horizontal windows that run along the front-facing facade are mirrored by the terrace balcony rails, acting as a foil to the vertical forms and chimneys that pepper the *œuvre*.
The near-square opening for the garage was incorporated into the axis, although sketches show it as being initially offset. The composition of the lateral facade is extremely balanced: the voids of the ground floor gradually give way to more solid forms, framed first by strip windows then loopholes; the only feature that stands out within this equilibrium is the staircase: a sculptural feature which in fact highlights the overall balance of the plan.

"Arcade" House Type

Here, the building extends laterally from the base cell via a curved form rising up over two levels under the shell of an "arch" (from which the house type derives its name) that reaches out to the neighbouring house. This layout enables the small bedroom on the upper level to be enlarged vis-à-vis the base module, and an additional bedroom to be created by dividing in two the bay originally planned for the master bedroom.

While on the one hand the principle of a "defensive wall" pierced with large openings overlooking the forest was

Le type «arcade»

A partir de la cellule de base, l'extension latérale se fait ici dans un volume aux contours arrondis s'élevant sur deux niveaux, sous le voile de «l'arceau» lancé vers la maison suivante et qui donne son nom au type.
Une telle disposition permet d'agrandir, à l'étage, la petite chambre du module de base, et d'en créer une supplémentaire en partageant en deux parties la travée initialement prévue pour la grande chambre.

Si, dès le début du projet, le principe d'une «muraille» percée de grands vides vers la forêt semble clairement établi, les premières esquisses montrent une hésitation quant à la mise en place (sur un troisième niveau) de terrasses accessibles, délimitées par l'émergence du volume arrondi.
La solution adoptée, en accentuant la composante horizontale de l'ensemble (simplement rythmée par la légère courbure des arcades), renforce l'idée de limite de la cité ; la disposition systématique des fenêtres en bandeaux et l'unicité de la couleur employée, étirent la composition en un grand mur coloré.
Cet effet unitaire tient également à la position en recul des maisons par rapport à la rue, le jardin de devant permettant de mieux absorber les écarts de nivellement générés par la pente de la rue.
Ce type de maisons présente également un intérêt particulier : il intègre un élément de mobilier fixe extérieur très fréquemment repris dans des programmes de maisons destinées à une clientèle plus fortunée : le banc, inscrit dans la face intérieure du muret sous l'arcade. (27)

Le type «isolée»

Certaines maisons ne rentrent pas dans le cadre des descriptions précédentes.

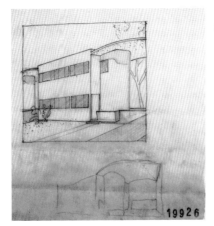

"Arcade" house: facade (FLC 19926)
Maison à «arcades» : façade (FLC 19926)

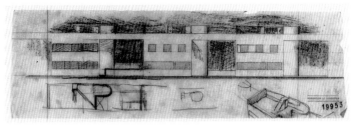

Preliminary sketches: facade (FLC 19953)   Premières esquisses : façade (FLC 19953)

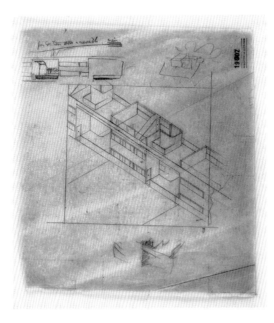

Axonometric: sketch (FLC 19907)   Axonométrie : esquisse (FLC 19907)

clearly established at the outset, early sketches reveal some doubt as to integrating accessible terraces on the third level, their edges delineated by the curved form of the arch. The solution that was finally adopted – underscoring the horizontal nature of the ensemble, rhythmically patterned by the slight curve of the arcades – reinforces the idea of an urban boundary. The orderly sequence of strip windows, allied with uniformity of colour, stretches the composition into one large coloured wall. This unitary effect is enhanced by the position of the houses, set back from the road, as the front garden provides for easier assimilation of differences in levels generated by the slope of the street.

This house type boasts another particularly noteworthy attribute: an exterior permanent piece of furniture that was to be frequently reproduced in programmes for much more luxurious private dwellings – a bench, set within the interior side of the low wall under the arcade. (27)

"Free-standing" House Type

Some house types in the overall scheme are exceptions to those described above. Such is the case for the Maison Vrinat, named after the engineer who worked at Frugès's side throughout the project. Here, as in the "skyscraper", Le Corbusier grouped the service areas on the ground floor and shifted the entire living space to the first level. Access is solely via an exterior stairway that breaks away from the facade and, after pausing at a wide intermediate landing, extends up to the roof terrace.

The plans and facades of the free-standing dwellings that have not been described here were also derived from the base cell deployed for the "staggered" and "skyscraper" types (e.g. stairway leading to the outside roof terrace).

C'est le cas de la Maison Vrinat (ingénieur ayant participé, aux côtés de Frugès, à l'exécution du chantier). Dans celle-ci, Le Corbusier rassemble, comme dans le type «gratte-ciel», les services au rez-de-chaussée et remonte toutes les pièces de vie au premier étage, l'accès se faisant uniquement par un escalier extérieur détaché de la façade et se prolongeant vers la toiture terrasse au travers d'un large palier intermédiaire.

Les plans et façades des maisons du type «isolée», c'est à dire ne faisant pas partie d'un type susceptible d'être associé, non décrites sont issus eux aussi de la cellule de base mise en œuvre dans les types «quinconce» ou «gratte-ciel» (exemple de l'escalier d'accès au toit-terrasse extérieur).

Tous ces types de maisons montrent comment, dans ce projet, Le Corbusier met en pratique les grands principes théoriques qu'il élabore parallèlement et énonce dans diverses revues et publications de l'époque. (28)

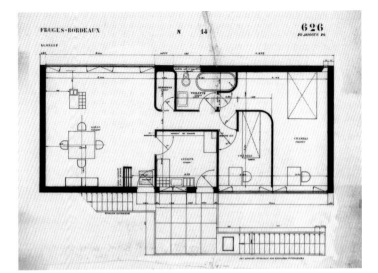

Plan (FLC 19803)

Plan (FLC 19803)

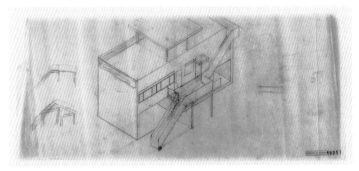

Axonometric (FLC 19951)

Axonométrie (FLC 19951)

Perspective of the houses (FLC 19880)

Perspective sur les maisons (FLC 19880)

Overall, it is interesting to note how Le Corbusier's use of these different house types stands as proof of his practical implementation of the theoretical principles that he was simultaneously formulating in reviews and publications. (28)

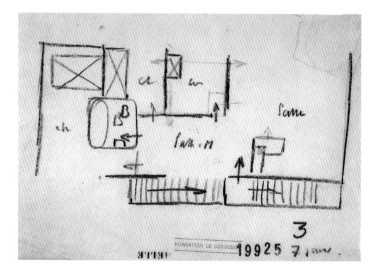

"Free-standing" house type: sketch (FLC 19925)   Maison type «isolée» : croquis (FLC 19925)

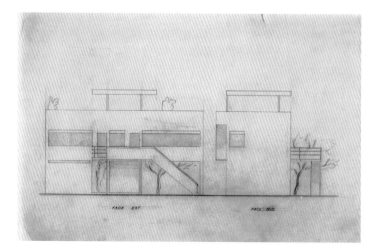

East and south facades (FLC 19954)   Façades est et sud (FLC 19954)

History of the Construction Process
History of a Neighbourhood

Histoire du chantier
Histoire d'un quartier

In a letter dated 27 November 1923, Le Corbusier replied to Frugès's commission request for Lège, pointing out that he was "in the habit of drawing up plan types that any foreman or contractor can easily execute". In this same letter he also proposed using mass-produced windows and doors.

The incompetence of Mr. Poncet – the foreman appointed by Frugès – led Le Corbusier to request in April 1925 that construction be halted at both Lège and Pessac. The architect suggested replacing Poncet by Mr. Summer, who at that time was constructing the Pavillon de L'Esprit Nouveau in Paris. In June 1925, Summer was therefore put in charge of the Lège and Pessac construction sites, with Poncet placed under his orders.

From that point on, work proceeded at a fairly regular pace, although it was delayed at certain points due to plans being finalised a little behind schedule (1), late delivery of the joinery, and an accumulation of administrative complications. In March 1926, the Prefecture announced that, given the lack of basic services available on the estate, it could not authorise sale of the houses before another three or four months (2); at the same time, Lyonnaise des Eaux, a private water company that had the sole distribution franchise for water in the commune, stated that it would not be able to supply water to Monteil before a year and a half. (3) Despite all these setbacks, sectors C and D were practically finished by the time Minister de Monzie presided over the inauguration ceremony on 13 June 1926. Sale of the houses was then delegated to a property company and a decorated/furnished show house of the "staggered" type (No. 62) was displayed to potential buyers. (4) Also on display in this exhibition house were Thonet curved wooden chairs and armchairs, along with a living room rug designed by Frugès himself.

Répondant, le 27/11/1923, à Henry Frugès qui lui avait passé commande des maisons de Lège, Le Corbusier précise qu'il est «disposé à établir des plans-types prévus de telle façon que n'importe quel contremaître ou entrepreneur puisse en assurer l'exécution facile» ; il propose également d'utiliser des fenêtres et des portes fabriquées en série.

M. Poncet, contremaître désigné par Frugès s'étant révélé incompétent, Le Corbusier demande, en avril 1925, l'arrêt immédiat des chantiers de Lège et de Pessac et propose, pour le remplacer, M. Summer qui construit alors le Pavillon de l'Esprit Nouveau à Paris. C'est donc lui qui reprend, en juin 1925, les chantiers de Lège et de Pessac et M. Poncet est placé sous sa direction.

Dès lors, les travaux avanceront assez régulièrement, retardés toutefois par des mises au point de plans un peu tardives (1), des retards dans la livraison des menuiseries, et des problèmes administratifs importants : en mars 1926, la préfecture fait savoir que, compte tenu de l'état de viabilisation du quartier, elle ne pourra délivrer l'autorisation de vendre avant trois ou quatre mois (2) ; dans le même temps, la Lyonnaise des Eaux, concessionnaire de la commune, informe qu'elle ne fournira l'eau au Monteil que dans un an et demi. (3)

Malgré tout, les secteurs C et D sont quasiment terminés lors de l'inauguration du quartier par le Ministre de Monzie, le 13 juin 1926.

La commercialisation est alors confiée à un cabinet spécialisé ; une maison témoin du type quinconce (n°62) entièrement équipée et meublée est présentée aux futurs acquéreurs (4). Chaises et fauteuils sont en bois cintré provenant des établissements Thonet et le tapis de la grande salle est exécuté d'après un carton de Frugès lui-même.

Lège: the construction site (small square with front wall)

Lège : le chantier, la placette avec le fronton

Although the streets were laid out, they were incomplete insofar as there were no water, gas or electricity connections. As a result, the houses remained vacant for over two years (5) and the first dwellings purchased in 1929–30 were thus already in a deteriorated state. Furthermore, despite efforts on the part of Frugès and Le Corbusier to find a new solution for sectors A and B (in-depth study of houses entirely prefabricated in factory), the lack of purchasers for the finished sectors C and D, combined with Frugès's bankruptcy in 1929, finally led to this part of the programme being abandoned.

After 1930, the plots of land were sold off slowly, one by one, without a coherent development plan. Consequently, the neighbourhood was deprived of shops, a square and a large number of inhabitants. As a final straw, it was also robbed of a major transportation route, since permission to go ahead with the initially promised tramway stop at the Place du Monteil was withheld.

The poor condition of the road linking the Rue Xavier Arnozan with the Route d'Arcachon, coupled with a lack of street lighting and only minimal refuse collection services, weighed heavily on the housing estate during its first few years of existence. It was consequently in a bad state from the very outset, even though the inhabitants were pleased with the actual dwellings. (6)

On 16 June 1931, alarmed by events, Le Corbusier wrote the following letter to the engineer Vrinat, who had replaced Frugès upon the latter's departure for Algeria:

"Dear Sir,

At Whitsun we made a special trip to Pessac, following rather disquieting reports on how the new owners are treating their houses. I will be quite frank with you about my feelings on this.

I cannot understand how you, who witnessed the spirit in which Pessac was

Toutefois, pendant plus de deux ans, aucune maison ne sera vendue (5) car les routes, bien que tracées, ne sont pas terminées, les raccordements aux réseaux de gaz, d'eau et d'électricité n'étant pas effectués.

Les maisons achetées par les premiers propriétaires (en 1929–30), restées longtemps inoccupées, ont donc déjà subi des détériorations.

En outre, en dépit des efforts d'Henry Frugès et de Le Corbusier pour trouver une solution nouvelle pour les secteurs A et B (recherches poussées sur les maisons préfabriquées «à sec» en usine), la mévente des secteurs terminés C et D, combinée à la faillite de Frugès en 1929, conduit à l'abandon de cette partie du programme.

Après 1930, les terrains non lotis seront revendus au coup par coup, sans plan d'aménagement d'ensemble.

Le quartier est alors privé, non seulement des commerces, de la place et de la population prévus, mais aussi d'un axe de communication important. Il est en outre mal desservi par les transports en commun, l'engagement de créer un arrêt de tramway place du Monteil ayant été remis en question.

Une chaussée en mauvais état entre le cours Xavier Arnozan et la route d'Arcachon, l'absence d'éclairage public, des services de nettoiement peu fréquents, tout ceci pèse lourdement sur les premières années de la Cité qui commence à se dégrader dès le début de son occupation, même si les habitants sont satisfaits des maisons elles-mêmes. (6)

Ainsi Le Corbusier écrit, le 16 juin 1931, à Monsieur Vrinat (qui a succédé à Henry Frugès après son départ en Algérie) la lettre suivante :

«Cher Monsieur,

Nous avons fait exprès le voyage de Pessac à la Pentecôte à la suite des nouvelles alarmantes que nous avions reçues

Pessac. View of the construction site   Pessac. Vue du chantier

constructed, could have let house No. 14 fall into such a state of ruin. It now resembles some gaudy piece of architecture, the likes of which are found in pseudo-modern spa towns. Similarly, I simply cannot comprehend how you can have allowed the arcades to be filled in and the staggered house types to be painted with glycine. It is truly horrendous and utterly tasteless.

The new owners do not become owners until they have paid what is due. Moreover, the specifications should have entailed terms and conditions regarding respect for the neighbourhood in general.

I have read the specifications, and nothing is indicated in relation to this.

It is all deplorable, and I am quite decided to inform Mr. Loucheur of this sad state of affairs. I can assure you in view of everything he did to save Pessac he will be furious to know how it has been allowed to go to the dogs in such a disgracefully insane way.

I think I have been honest with you about my views on this matter.

I would have thought that after all the blood that was shed for Pessac, some effort would have been made to prevent people from tampering with it and degrading it through their fatal incompetence. And what's more, all these charming people are complaining that they did not receive any advice or guidance.

I would be very pleased to hear your thoughts on the subject and to learn that you intend to react in an effective manner to the situation.

Yours faithfully (…)".

Vrinat replied that, given bad promotion of the housing estate, he had found himself unable to impose any constraints on the new owners, especially as regards "respecting the colour scheme".

The dwellings underwent even worse damage through the ravages inflicted on them by the war: the bombing of the rail-

sur la manière dont les nouveaux propriétaires traitaient leurs maisons. Permettez-moi de m'exprimer en toute franchise.

Je ne puis arriver à comprendre comment vous, qui avez connu dans quel esprit Pessac a été fait, ayez pu consentir à laisser anéantir la villa 14 qui a pris l'allure de l'architecture la plus gougeate des villes d'eau en pseudo-moderne.

De même qu'on ait laissé construire tous les arceaux, et peindre de glycine les quinconces. C'est une horreur véritable et une façon de tarasconnade bien peu séduisante.

Les nouveaux propriétaires ne sont pas propriétaires tant qu'ils n'ont pas payé. Le cahier des charges devait comporter une obligation de respect général du voisin et de l'ensemble.

J'ai lu un cahier des charges, rien n'y est spécifié.

Tout ceci est si lamentable, même le visiteur que je suis est bien décidé à faire intervenir Monsieur Loucheur qui a tout fait pour sauver Pessac et qui sera furieux de savoir qu'on laisse tout aller à vau l'eau par une manie bien regrettable. Je ne vous ai pas caché ma pensée.

Je pensais qu'après tout ce que Pessac représente de sacrifice, on ne laisserait tout de même pas les gens s'y ébattre avec leur incompétence fatale. D'ailleurs tous ces braves gens se plaignent d'avoir été laissés sans direction, ni conseils.

Je serais heureux de connaître votre point de vue, et surtout d'apprendre que vous pouvez utilement réagir là-bas. Croyez, cher Monsieur, ...»

Monsieur Vrinat répond que, compte tenu de la mauvaise commercialisation de la Cité, il n'a pas été possible d'imposer des contraintes, notamment «le respect des couleurs», aux nouveaux propriétaires.

way line destroyed two houses and shattered the majority of the windows. In most cases, replacement of these led to changes in joinery and filling of facades, with wood from local timber merchants substituting steel sections in the large bays.

Cheap repairs (corrugated iron and eternit), combined with leaking terraces and extensions added onto the smaller houses, very soon dramatically altered the overall aspect of the quarter.

In addition, not only was it an enclosed, outlying district, with poor transport links, it was also occupied by low-income families who scarcely had the resources to carry out even the most basic repairs on their houses.

Not until 1973 did the situation finally begin to improve, with the restoration of the house at No. 3 Rue des Arcades and its listing as a historical monument in 1980. This created a 500-metre protection area and empowered the Monuments Historiques (French equivalent of the National Heritage) with the right to veto any work that visibly altered the framework of the dwellings.

It was then decided to create a "Zone de Protection du Patrimoine Architectural, Urbain et du Paysage" (protection zone for architectural, urban and landscaped national heritage) which provided a coherent regulatory framework governing alterations to the exterior aspect of the dwellings.

Following this, in 1985, a study was conducted to assess the extent of the development's deterioration in relation to its original state, with a view to recommending architectural and technical solutions for a rehabilitation programme.

And so it was that the municipality of Pessac made a start on saving the quarter. It began to renovate public spaces (roads, utilities and greenery were restored so as

La guerre accentuera la dégradation de l'aspect d'origine de la Cité : le bombardement de la voie ferrée détruit deux maisons et brise la plupart des vitrages ; leur remplacement va entraîner, bien souvent, un changement des menuiseries et le rebouchage des façades, le bois prenant la place des profilés métalliques des grandes baies.

La réparation à l'économie (tôle ondulée ou éternit) des étanchéités des terrasses, la recherche de gains de surface dans des maisons de dimensions modestes, transforment très rapidement l'aspect du quartier.

Quartier enclavé, excentré, mal desservi par les réseaux, il est occupé par des familles très modestes qui n'ont guère les moyens d'entretenir correctement leur habitation.

Le basculement s'amorce en 1973, avec la restauration de la maison située au n°3, rue des Arcades. Son classement en 1980 crée le cercle de protection des 500 m et donc le contrôle des Monuments Historiques sur toutes les interventions apparentes sur le bâti des maisons de la Cité.

Une Zone de Protection du Patrimoine Architectural, Urbain et du Paysage est alors mise en place, qui définit un cadre cohérent réglementant les interventions relatives à l'aspect extérieur des maisons de la Cité.

Par ailleurs, en 1985, une étude évaluera le niveau de dégradation de la cité par rapport à son état d'origine et recommandera les solutions architecturales et techniques à mettre en œuvre pour la restauration.

La municipalité de Pessac amorce dès lors le mouvement de sauvegarde du quartier. Elle rénove l'espace public (voirie, réseaux, plantations sont rétablis de la manière la plus conforme possible au projet d'origine), achète une maison (un

to conform as closely as possible to the original scheme) and it purchased and renovated a house (half a skyscraper at No. 4, Rue Le Corbusier) with the aim of creating an experimental site.

Aided by government grants, both private owners and the French social housing office have picked up from where the municipality left off. Their work provides us with a fairly illustrative picture today of what the Quartiers Modernes Frugès might once again resemble.

demi gratte-ciel au 4, rue Le Corbusier) et la restaure initiant ainsi un chantier expérimental.

Des propriétaires individuels et une société d'H.L.M., aidés par un système de subventions, prennent le relais de l'intervention municipale et permettent d'avoir, aujourd'hui, une image préfigurant ce que peut redevenir l'ensemble des Quartiers Modernes Frugès.

View of the construction site ("skyscraper" houses)

Vue du chantier maisons «gratte-ciel»

The Lesson of Pessac

Les leçons de Pessac

The study carried out by the architect Philippe Boudon (1) clearly illustrates how since their construction, the fifty-three dwellings have been modified and adapted to suit the needs and tastes of their occupants, thus testifying to the history of a project's life. (2) On the other hand, the image which remains in the minds of those people outside Pessac (whether they have visited the site or not), is that of a run-down piece of architecture, distorted and debased by the many changes effected by successive occupants. Indeed, this was Le Corbusier's own perception, as evidenced when he declared that the houses had proven their ability to adapt over the long term, and that at the end of the day the user was always right. (3)

Nonetheless, the fact remains that if one examines those projects undertaken by Le Corbusier and Pierre Jeanneret during the same period, the Quartiers Modernes Frugès and the Lège project are the architect's only built works that tackled in such exemplary fashion the issue of social housing, and this with respect to each individual dwelling as well as overall urban layout. The projects and studies carried out by Le Corbusier between 1910 and 1926 serve as a reminder that various endeavours embarked upon, prior to or at the same time as Pessac and Lège, never actually got any further than design stage.

The Quartiers Modernes Frugès can be considered as one of the most radical pronouncement made by the modern movement in the realm of housing. Consequently, this project is emblematic of Le Corbusier's and Pierre Jeanneret's work on a number of different levels.

L'étude de Philippe Boudon (1) a montré comment depuis leur achèvement les cinquante trois logements ont été modifiés et adaptés aux besoins et aux goûts des habitants, et nous révèle l'histoire de la vie d'un projet. (2) Mais il faut bien constater que l'image qui reste dans la mémoire des personnes étrangères à Pessac (qu'elles se soient rendues sur place ou non), est celle d'une œuvre dévoyée, contrariée et dénaturée par bon nombre de transformations apportées par les occupants successifs ; cette image est d'ailleurs entretenue, par Le Corbusier lui-même lorsqu'il déclarait «que les maisons avaient prouvé leur faculté d'adaptation à long terme, et que l'usager, en fin de compte, avait toujours raison.» (3)

Il n'en reste pas moins qu'à l'époque, si l'on considère l'ensemble des projets étudiés par les architectes, les Quartiers Modernes Frugès (avec le lotissement de Lège) sont les seules œuvres construites qui contribuent, de façon exemplaire, à la question du renouvellement de l'habitat social, tant du point de vue de chaque logement que de celui de leur groupement urbain ; les projets ou études exécutés par Le Corbusier de 1910 à 1926, sont là pour rappeler qu'auparavant (ou parallèllement) nombre d'expériences sont restées à l'état de projets ou d'études.

Les Quartiers Modernes Frugès peuvent être considérés comme représentatifs des avancées les plus radicales du mouvement moderne sur la question de l'habitation et sont donc emblématiques de l'œuvre de Le Corbusier et Pierre Jeanneret pour plusieurs raisons.

Maison « Domino ». Logement et échoppe. Pas de murs portants; les fenêtres font le tour de la maison.

Excerpt from "Vers une Architecture"   Extrait de «Vers une Architecture»

VERS UNE ARCHITECTURE

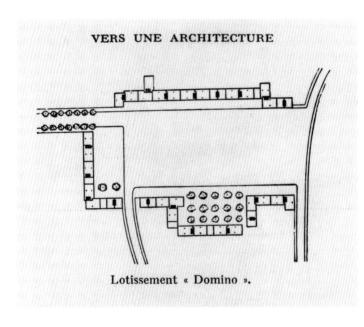

Lotissement « Domino ».

Excerpt from "Vers une Architecture"   Extrait de «Vers une Architecture»

The Quartiers Modernes Frugès: An Economic, Sociological and Aesthetic Statement

An Encounter between a Client, Henry Frugès, and an Architect, Le Corbusier

In the revised and expanded edition of "Vers une Architecture", published in 1958, Le Corbusier wrote the following about Bordeaux-Pessac: "The first edition of this book had a profound effect on a large manufacturer of Bordeaux. It was decided to make a clean start. A noble conception of the aims of Industry and those of Architecture led this manufacturer to take a daring step. For the first time perhaps (as far as France is concerned), the pressing problems of Architecture, thanks to him, were solved in a modern spirit. Economy, sociology, aesthetics: a new solution, using new methods."

Later, with the publication of "Œuvre complète" in 1964, Le Corbusier described the project's history in his own words:
"Pessac, 1925. Mr. Frugès told us: 'I am going to enable you to put your theories fully into practice: I want to reach really conclusive results as regards the reform of low-cost housing. Pessac should be a laboratory. I therefore authorise you to break with all conventions, to abandon all traditional methods. In short: I am asking you to come up with a house plan, to standardise it, to use walls, floors and roofs that comply with the most rigorous requirements of strength and efficiency and that lend themselves to true Taylorist methods of mass-production by means of machines which I give you leave to buy. You shall equip these houses with interior facilities and layouts which render

Les Quartiers Modernes Frugès, un projet économique, sociologique et esthétique

Rencontre d'un client, Henry Frugès, et d'un architecte, Le Corbusier

Dans la nouvelle édition revue et augmentée de «Vers une Architecture», en 1958, Le Corbusier déclare, à propos de Bordeaux-Pessac : «La première édition de ce livre a vivement touché un grand industriel de Bordeaux. Il fut décidé de faire table rase des usages et des habitudes. Une haute conception des choses de l'industrie et des destinées de l'architecture incitèrent cet industriel à prendre les initiatives les plus courageuses. Pour la première fois peut-être en France, grâce à lui, le problème actuel de l'architecture se résoud dans un esprit conforme à l'époque. Economie, sociologie, esthétique : c'est une réalisation neuve avec des moyens neufs».

Plus tard, en 1964 dans la publication de l'Œuvre Complète, Le Corbusier présente lui-même l'histoire du projet de la façon suivante :
«Pessac 1925. – M. Frugès nous avait dit : ‹Je vous autorise à réaliser dans la pratique vos théories, jusque dans leurs conséquences les plus extrêmes : je désire atteindre à des résultats vraiment concluants dans la réforme de l'habitation à bon marché. Pessac doit être un laboratoire. Je vous autorise pleinement à rompre avec toutes les conventions, à abandonner les méthodes traditionnelles. En un mot clair : je vous demande de poser le problème du plan de la maison, d'en trouver la standardisation, de faire emploi de murs, de planchers, de toitures conformes à la plus rigoureuse solidité et efficacité, se prêtant à une véritable tay-

QUARTIERS MODERNES

FRUGÈS

Architectes urbanistes :
MM. LE CORBUSIER
P. JEANNERET
35, Rue de Sèvres, 35
PARIS

Bureau de Vente et Renseignements :
M. CORNUEAU
43, Intendance - BORDEAUX
Téléphone 8.91

"chacun sa maison"

La création en France des **QUARTIERS MODERNES FRUGÈS** poursuit un triple but social :

Contribuer à résoudre la Crise du Logement en facilitant à toutes les
bourses l'accession à la propriété foncière et immobilière.

Offrir au Public des quartiers aérés, sains, propres et agréables, conçus d'après les données
les plus modernes de l'Urbanisme :
— **des maisons solides, confortables et gaies,** pourvues des derniers perfectionnements et construites selon les plus récents progrès dans l'Art de Bâtir.

Empêcher pendant 10 ans toute spéculation sur les prix des immeubles
de ces quartiers.

Quoique construites en grandes séries, les maisons des **QUARTIERS MODERNES FRUGÈS,** loin d'être établies sur un plan uniforme, varient à l'infini et vont de la plus simple échoppe à la villa la plus luxueuse et à l'hôtel le plus important.

Leur prix de vente est abaissé à un taux inconnu depuis la guerre : voici par exemple le détail d'un des divers modèles vendus **25.000** francs comptant, (de **grandes facilités de paiement** sont prévues).

REZ-DE-CHAUSSÉE : Grande Salle, Cuisine (avec son fourneau). **Buanderie** (avec bacs à laver), Chai, Atelier, Garage ou Salle de Lissage.

ÉTAGE : Deux grandes Chambres, une petite Chambre, Cabinet d'aisance, Douche.

Eau courante chaude et froide, Electricité, Gaz, Chauffage central (par le fourneau de cuisine).

(Les prix des Terrains et Jardins sont variables selon la superficie, l'orientation et l'emplacement)

En construction : QUARTIER DU MONTEIL (Pessac)

Un quartier d'environ 150 maisons avec jardins, terrasses, treilles, etc....
Avenues modernes à doubles Canalisations, plantées d'arbres.
Grande Place Publique ombragée avec Fronton de Pelote.
Sur la Place Publique, une dizaine de maisons à usage de petits commerces.

Les visiteurs sont admis sur les chantiers des **QUARTIERS MODERNES FRUGÈS** sur présentation de cartes d'entrée délivrées par les **ÉTABLISSEMENTS FRUGÈS.** (Bureaux des Travaux Publics, 1er étage), **32, Quai Sainte-Croix, Bordeaux.**

Projet et Cahiers des Charges déposés à la Mairie de Pessac et approuvés, le 14 Février 1925.

Reg. du Com. Bordeaux 25.946- A

Sale deed (FLC H1-20-30)   Document de vente (FLC H1-20-30)

the habitation pleasant and easy to live in. As for the aesthetic aspect that could result from your innovations, it will no longer be that of traditional houses, costly to build and maintain, but that of a contemporary epoch. The purity of the proportions will be the veritable expression of this.'

Pessac is a little like a Balzacien town. An altruistic man wanted to show his country that one can resolve the problem of housing. Opinions ran riot: jealousies were stirred; construction firms, ranging from local entrepreneurs to the architects themselves, began to worry about new methods that could turn comfortable situations upside down. And so, hostility gradually crept in. The village of Pessac was constructed in less than a year by a Parisian company that replaced ineffective local teams. But already in 1926, at the end of construction, vehement opposition to the scheme had taken root in the administrative departments which were supposed to forward the files for acceptance by the public highways department and subsequently order that water be installed in the village. However, only authorisation to rent or to sell could be obtained. Three years down the line, in the spring of 1929, the files were still not signed, and hence for three years, the village remained empty of inhabitants. All this in spite of the fact that two ministers personally intervened and paid official visits to Pessac: Monsieur de Monzie, Minister of Public Works, in 1926, and Monsieur Loucheur, Employment Minister, in 1929. The enthusiasm that reigned after the ministerial visit of 1926 gradually gave way to anxiety, and after three years the press in several countries was saying that 'Pessac is uninhabitable, because its construction was based on erroneous principles'. Finally, thanks to Monsieur Loucheur's unflagging efforts, findings from an investigation

lorisation par l'emploi des machines que je vous autorise à acheter. Vous munirez ces maisons d'un équipement intérieur et de dispositifs qui en rendent l'habitation facile et agréable. Et quant à l'esthétique qui pourra résulter de vos innovations, elle ne sera plus celle des maisons traditionnelles, coûteuses à construire et coûteuses à entretenir, mais celle de l'époque contemporaine. La pureté des proportions en sera la véritable éloquence.›

Pessac est un peu un roman balzacien. Un homme généreux veut montrer à son pays qu'on peut résoudre la question du logement. L'opinion s'émeut : les jalousies s'éveillent ; les corporations du bâtiment, depuis le petit entrepreneur local jusqu'aux architectes, s'inquiètent de nouvelles méthodes qui pourraient bouleverser les situations acquises. Alors, petit à petit, une atmosphère d'hostilité se crée. Le village de Pessac a été construit en moins d'une année par une entreprise parisienne qui a remplacé des équipes locales défaillantes. Mais, en 1926 déjà, à la terminaison des travaux, une sourde opposition naissait dans les services administratifs qui devaient acheminer les dossiers vers l'acceptation de la voirie et par conséquent commander l'installation de l'eau dans le village. Alors seulement, l'autorisation de louer ou de vendre pouvait être accordée. Trois ans après, au printemps 1929, les dossiers ne sont pas signés et depuis trois ans, le village est resté vide d'habitants. Pourtant, deux ministres s'en sont occupés personnellement et sont venus visiter officiellement Pessac, M. de Monzie, ministre des Travaux Publics, en 1926 ; M. Loucheur, ministre du Travail en 1929. A l'enthousiasme qui avait suivi la visite officielle ministérielle de 1926, succéda, petit à petit, l'inquiétude et, après trois ans, la presse dans plusieurs pays écrit que ‹Pessac est inhabitable, parce qu'il est construit sur des principes erronés›. Enfin,

laid bare this troublesome affair and revealed the true cause for the lack of water. This is a painful and severe lesson, to go down in the annals of "L'Idée", illustrating that innovative concepts clash with mainstream opinion and that this opinion wages war against ideas." (4)

The criticisms levelled by Bordeaux society at the Quartiers Modernes Frugès were not on the whole a rejection of the doctrines or underlying essence of the Esprit Nouveau. Rather, they were fired at the project's creators: the industrialist and the architect, from then on categorised as marginals. External factors, termed "circumstances" by Henry Frugès, were implicitly interpreted as the result of a moral and artistic error, masking the fundamental issue, "the essential problem of the epoch", namely housing and urban layout.

A New Plan for the House – The Base Cell and Standard Plan, Standardised Housing – A New Plan for the City

In 1925 Le Corbusier wrote, "Modern life demands, and is waiting for, a new kind of plan, both for the house and the city". (5) The Frugès housing scheme in Pessac was experimental in the sense that one plan and one cell type were deployed as a basic prototype from which the architects developed variations on the urban pattern, together with relevant adaptations. In Le Corbusier's words, this project was a "testing ground for standards, mass-production and urban layout". Altogether therefore, an extremely innovative interpretation of the garden city theme.

"The house has two aims. First, it is a machine for living in, i.e. a machine designed to give us effective tools with

grâce à l'intervention énergique de M. Loucheur, un enquêteur remonte à l'origine de cette troublante aventure et trouve enfin les causes de la carence de l'eau. Voilà une leçon douloureuse, sévère, à classer dans les annales de l'‹idée› et montrant que les initiatives nouvelles heurtent l'opinion de front et que l'opinion fait la guerre aux idées». (4)

La critique des milieux bordelais, en ce qui concerne le projet des Quartiers Modernes Frugès, ne s'est généralement pas traduite en conflit de doctrines ou débat de fond sur «l'esprit nouveau». Elle a porté sur les créateurs du projet : l'industriel, l'architecte qui ont été, d'emblée, marginalisés.

Les facteurs extérieurs, ce qu'Henry Frugès appelle «les circonstances» ont été interprétés, implicitement, comme le résultat logique d'une erreur morale et artistique occultant le problème fondamental, «le problème essentiel de l'époque», celui du logement, de la Cité à organiser.

Un plan nouveau pour la maison – cellule et plan standard : maisons standardisées – un plan nouveau pour la ville

En 1925, Le Corbusier écrit (5) «La vie moderne demande, attend un plan nouveau, pour la maison et pour la ville».
A Pessac, la Cité Frugès est un laboratoire expérimental dans la mesure où un même plan, une même cellule type sont utilisés par les architectes pour développer des variations d'ordonnance urbaine ainsi que toutes les adaptations suscitées par le contexte. Comme le disait Le Corbusier, ce projet est un «banc d'essai des standards, de la série, des groupements». C'est ainsi une interprétation très novatrice du thème de la cité-jardin.

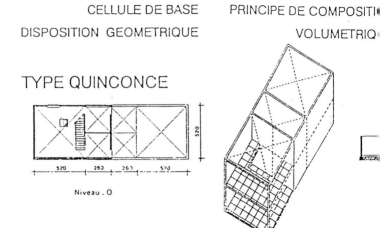

TYPE QUINCONCE

Niveau . 0

TYPE ARCADE

Niveau . 0

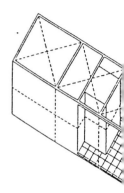

TYPE GRATTE CIEL

Niveau . 1

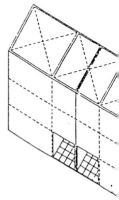

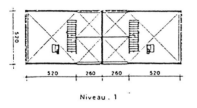

House types and base cell   Types de cellule de base

COUPE TRANSVERSALE A LA RUE

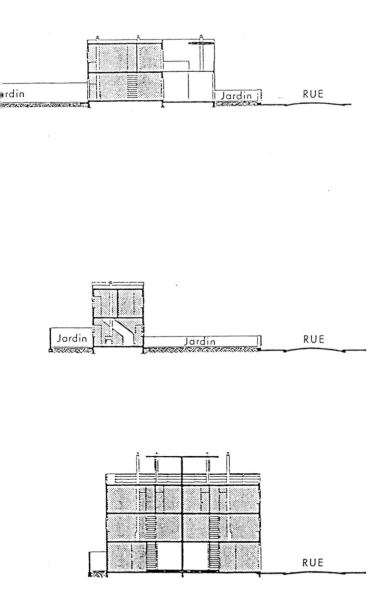

which to carry out our work quickly and precisely, an industrious and attentive machine that satisfies a basic human need: comfort. But it is also the utilitarian place for meditation and a place of beauty, providing the spirit with a vital sense of peace. I am not claiming that art is nourishment for everyone. I am simply saying that for some spirits, the house must evoke the sensation of beauty. All practical requirements in the house are provided for by the engineer; anything relating to meditation, the spirit of beauty and sense of order (which serves to promote this beauty) is architecture. On the one hand the work of the engineer; on the other hand architecture". (6)

"Classify, typify, fix the cell and its elements. Economy-Efficiency-Architecture! Always, when the problem is clear". (7)

Guided by industrial construction principles, the quest for a standard plan led Le Corbusier to fix the base element (cell or module) which paved the way for mass-production (prefabrication of elements not only for the framework but also for the fittings). The development of this concept, for which Pessac was the proving ground, was later allied with the methodological outline presented in "Five Points of a New Architecture", mostly all of which were already present in the Quartiers Modernes Frugès.

Emergence of "Five Points of a New Architecture"

Championing the Esprit Nouveau instigated Le Corbusier's invention of the *"machine à habiter"*, which addressed the problem of housing in radically innovative terms. While analysis reveals that Le Corbusier did not totally reject traditional architecture in the Pessac project, it can be clearly perceived that the base cell of the combination module from

«La maison a deux fins. C'est d'abord une machine à habiter, c'est-à-dire une machine destinée à nous fournir une aide efficace pour la rapidité et l'exactitude dans le travail, une machine diligente et prévenante pour satisfaire aux exigences du corps : confort. Mais c'est ensuite le lieu utile pour la méditation, et enfin le lieu où la beauté existe et apporte à l'esprit le calme qui lui est indispensable ; je ne prétends pas que l'art soit une pâtée pour tout le monde, je dis simplement que pour certains esprits, la maison doit apporter le sentiment de beauté. Tout ce qui concerne les fins pratiques de la maison, l'ingénieur l'apporte ; pour ce qui concerne la méditation, l'esprit de beauté, l'ordre qui règne (et sera le support de cette beauté), ce sera l'architecture. Travail de l'ingénieur d'une part, architecture d'autre part.» (6)

«Classer, typifier, fixer la cellule et ses éléments - Economie-Efficacité-Architecture! Toujours, lorsque le problème est clair». (7)

Guidé par les principes de la construction industrielle, la recherche du plan standard conduit Le Corbusier à fixer l'élément de base (cellule ou module) qui permette une production en série (préfabrication des éléments aussi bien pour l'ossature que pour les équipements).

Le projet de Pessac constitue la préfiguration et le banc d'essai de cette conception et il sera associé, plus tard, au schéma méthodologique des «5 points d'une Architecture Nouvelle», déjà quasiment tous présents .

Emergence des «5 points d'une Architecture Nouvelle»

En adoptant un «esprit nouveau», Le Corbusier invente la «machine à habiter» et pose en termes radicalement neufs le problème de la maison.

Note by P. Jeanneret: outline and design of the house types (FLC H1-17-250)

Note de P. Jeanneret : schéma et composition des types (FLC H1-17-250)

which the standard plans were derived already featured three characteristics of the future "Five Points of a New Architecture", set forth several years later:

- the roof garden
- the free plan
- the strip window (*fenêtre en longueur*)

The roof garden

Always presented by Le Corbusier as the natural complement to the pilotis, the architect introduced the roof garden into all the house types for reasons relating to aesthetics, economy, and comfort. It enables control of those plastic effects created through the arrangement of box and cube forms that make up the envelope of the standard plans.

The free plan

The free plan can be discerned in several layout elements:

· the independent stairway that breaks away from the structure;
· bathroom facilities reduced to a standard unit whose dimensions do not exceed the bare, rational minimum: a veritable organ of the *machine à habiter*;
· chimney and flue detached from the wall;
· interior walls that are non load-bearing, not necessarily stacked, and arranged at will, even adopting a curved shape if called for by prerequisites relating to the surface area or internal distribution of space.

The strip window (*fenêtre en longueur*)

This systematically runs from one end to the other of the main facade, whatever the house type. Masterfully regulated and open to an infinite number of combinations, it represents "the standard mechanical element of the house".

Si l'analyse du projet démontre que l'héritage de la composition architecturale classique n'est pas rejeté en bloc par l'architecte, la cellule de base (outre ses références mécaniciennes) du module combinable qui produit les plans standards, révèle déjà l'émergence de dispositions conformes à trois des futurs «5 points d'une Architecture Nouvelle» qui seront énoncés quelques années plus tard :

- le toit-jardin
- le plan libre
- la fenêtre en longueur

Le toit-jardin

Toujours présenté par Le Corbusier comme le complément naturel des pilotis, le toit-terrasse est mis en place sur tous les types de maisons, pour des raisons sentimentales, d'économie et de confort. Il permet de contrôler les effets plastiques recherchés dans les formes d'assemblage des boîtes ou des cubes formant l'enveloppe des plans standards.

Le plan libre

Il se révèle progressivement par des dispositions telles que :

· l'escalier indépendant et détaché de la structure ;
· la salle de bains ou le sanitaire, réduits au bloc standard de dimensions minimales et rationnelles, véritable organe de la machine à habiter ;
· la cheminée et le conduit de fumée détachés du mur ;
· les cloisons intérieures non porteuses, non necéssairement superposées et disposables à volonté, suivant même des courbes si le contrôle des surfaces ou de l'organisation interne l'exigent.

La fenêtre en longueur

Elle est systématiquement présente d'un bord à l'autre de l'ossature de la façade principale de tous les types de maisons. Module savamment réglé et combinable

Exterior Polychromy

Two features strongly characterise this *œuvre* by Le Corbusier: the volumes deployed in the various house types (notably the skyscraper formation) and the exterior polychromy:

"We will seek out painters to break up the walls that trouble us", declared Le Corbusier. "Architectural polychromy is something else – it takes possession of the entire wall and splashes it with pulsating blood, or clothes it in the fresh hues of a prairie, the bright luminosity of the sun, or the deep tones of the sky and sea. What power! Dynamic, I would call it; or dynamite, once my painter starts up on the house. If such and such a wall is blue it recedes; if it is red or brown it stands out; I could paint it black or yellow (…) Architectural polychromy does not kill walls, but it can shift them back or accentuate them. With polychromy the skilful architect has before him an endless bounty of resources. Polychromy belongs to the great vibrant architecture of the past, the present and the future. Wallpaper has enabled us to perceive things clearly, to renounce dishonest stratagems and fling open the doors to the brilliant brightness of polychromy, dispenser of space, classifier of components, whether essential or accessory. Polychromy – as powerful an architectural tool as the plan and the section. Better, polychromy is a veritable element of the plan and the section." (8)

Likewise, in "Architecture Vivante", Le Corbusier wrote the following about Pessac: "Polychromy. A renowned aesthete, returning from Pessac declared 'a house is white'. The Pessac site is very enclosed. The grey concrete houses gave rise to an unbearable compressed mass, lacking in air. Colour was the solution to

à l'infini, elle représente «l'élément mécanique-type de la maison».

La polychromie extérieure

La polychromie extérieure de la Cité Frugès à Pessac constitue avec la volumétrie des différents types de maisons, et plus particulièrement celles dites en «gratte-ciel», l'un des éléments qui caractérise très fondamentalement cette œuvre de Le Corbusier :

«Nous irons chercher les peintres pour faire sauter des murs qui nous gênent. La polychromie architecturale est autre chose, elle s'empare du mur entier et le qualifie avec la puissance du sang, ou la fraîcheur de la prairie, ou l'éclat du soleil, ou la profondeur du ciel ou de la mer. Quelles forces disponibles! C'est de la dynamique comme je pourrais écrire : de la dynamite, tout aussi bien, avec mon peintre introduit dans la maison. Si tel mur est bleu, il fuit ; s'il est rouge, il tient le plan, ou brun ; je peux le peindre noir ou jaune... La polychromie architecturale ne tue pas les murs, mais elle peut les déplacer en profondeur et les classer en importance. Avec habileté, l'architecte a devant lui des ressources d'une santé, d'une puissance totales. La polychromie appartient à la grande architecture vivante de toujours et de demain. Le papier peint a permis d'y voir clair, de répudier ces jeux malhonnêtes et d'ouvrir toutes portes aux grands éclats de la polychromie, dispensatrice d'espace, classificatrice des choses essentielles et des choses accessoires. La polychromie aussi puissant moyen de l'architecture que le plan et la coupe. Mieux que cela : la polychromie , élément même du plan et de la coupe». (8)

Et dans l'Architecture Vivante, Le Corbusier précise à propos de Pessac : «Poly-

generating space. How? By establishing a number of fixed points: some wall surfaces are painted in burnt sienna, while clear ultramarine blue makes entire rows of houses recede. Elsewhere, pale green facades fuse with the foliage of the gardens and trees. White surfaces were set as the yardstick. When the rows of houses created an opaque mass we decided to camouflage them: front-facing facades, painted alternately brown and white.

One white lateral facade, the other pale green. The corner is the meeting point between pale green and white, while dark brown suppresses the mass (weight) and amplifies the use of surfaces (extension). This polychromy is completely new. It is fundamentally rational and introduces an extremely powerful physiological element into the overall architectural symphony. The united orchestration of physiological sensations elicited by volumes, surfaces, contours and colours can create an intense lyricism.

As we said to our Danish acquaintance 'We are creating a poem! Mea culpa!'" (9)

In the spring of 1931, Le Corbusier once again took up this discourse in a draft text on polychromy in the introduction to the Salubra catalogue. On several occasions he refers explicitly to Pessac:

"First example: in Pessac, 1925–26, we had a housing estate composed of 51 dwellings in reinforced concrete. These houses were built on top of one another, since we were forced to construct on an extremely small plot of land. Cement rendering is rather dull; hence the need to employ colour to vitalise the walls and, more importantly, create distance between each dwelling, open up views and break the restrictive hold of the walls situated too closely together for comfort.

chromie – Un esthète illustre , revenant de Pessac proféra : Une maison, c'est blanc. Le lotissement de Pessac est très serré. Les maisons grises en ciment faisaient un insupportable amas compressé, sans air.

La couleur pouvait nous apporter l'espace.

Considérer la couleur comme apporteuse d'espace.

Voici comment : nous avons établi des points fixes : certaines façades peintes en terre de sienne brûlée pure.

Nous avons fait fuir au loin des lignées de maisons : bleu outremer clair.

Nous avons confondu certains secteurs avec le feuillage des jardins et de la forêt : façades vert pâle .

Nous avons donné l'étalon d'appréciation : façades blanches.

Lorsque des lignées de maisons créaient une masse opaque, nous avons camouflé chaque maison : les façades sur rue alternativement brun et blanc.

Une façade latérale blanche, l'autre vert pâle. La rencontre sur l'arête, du vert pâle ou du blanc, avec le brun foncé provoque une suppression du volume (poids) et amplifie le déploiement des surfaces (extension).

Cette polychromie est absolument neuve. Elle est rationnelle, fondamentalement. Elle apporte à la symphonie architecturale des éléments d'une extrême puissance physiologique.

La conduite concertée des sensations physiologiques de volumes, des surfaces, des contours et des couleurs, peut conduire à un lyrisme intense.

Nous avions dit au monsieur danois : ‹Nous faisons un poème!› Mea Culpa!» (9)

Au printemps 1931, Le Corbusier reprend ces arguments dans un projet de texte sur la polychromie en introduction

Letter from Le Corbusier to Mr. Gabriel
dated 11 July 1931 (FLC H1-19-345)

Lettre de Le Corbusier à M. Gabriel, 11/07/
1931 (FLC H1-19-345)

H1 - 19 3451

Le Corbusier   11 juillet 1931
et P.

Mr Gabriel
Pessac

Cher Monsieur.

   Nous profitons de la présence de
Mr ~~Castiaux~~ Castiaux chez nous, pour le prier de
vous remettre la documentation de la peinture de
Pessac.

   Cette lettre est préliminaire, en hâte, car
Mr Castiaux prend son train.

   Vous avez tous documents utiles par le grand
plan peint et les 3 feuilles annexes A.B.C

   De plus par 8 couleurs <u>échantillons exacts</u>
N° 1. 12, 23, 42, 91, 112, 120, 130.

  ce sont tous des tons faits avec des couleurs de
base <u>pure, sans mélange autre que le blanc.</u>

1 = blanc

12 = noir + blanc

23 = outremer " "

42 = vert anglais " "

91 = rouge vermillon + blanc (un vermillon solide de commerce)

112 = rouge anglais "   "

120 = terre sienne brulée

130 = terre d'ombre brulée

  En voici suffisamment pour vous fixer. Questionnez
nous si vous avez des doutes.

Croyez Cher Monsieur à nos sentiments les meilleurs   <u>Le Corbusier</u>

A group of twenty houses formed a rectangular enclosure. We smashed this down by painting the A house types blue (2 = blue; 1 = white), causing the barrier of dwellings to melt away into the horizon. So as to delineate boundaries, we fixed two lateral edges to the enclosure, to the left and right; we then painted these B house types in pure burnt sienna. (dark). The result was spectacular.

On the opposite side to the blue set of dwellings, two houses block vistas of the pine forest. We therefore painted them in pale green, so that they gradually merge with the greenery of the forest.

Second example: on one side, the main road is confined by a series of high dwellings whose gables overlook the pavement. From a distance, the ensuing effect is a compact mass, a tightly – squeezed recurring sequence of elements, a sensation of suffocation.

Through colour we were able to create an optical illusion and subsequently engender a different perception of the various elements.

The front-facing gables were alternately painted in white and pure burnt sienna – here a bright hue, there a dark, dramatic tone. One's gaze is entranced: it rests either on the white gables or the brown ones, but in both cases it only measures the distances between the white elements or those between the brown ones – i.e. we are led to believe that the space is twice its actual size. The spectator, taking in white here and brown there, feels that there is a large number of houses and that the road is longer than it actually is. This sensation was even more intense in 1926, when no trees had yet been planted. In addition, so as to sharpen the impact of colour, one of the two facades adjacent to the brown one was painted in pale green, while that adjoining to the white one was painted white.

au catalogue Salubra. A plusieurs reprises, il mentionne explicitement Pessac :

«1° exemple : A Pessac, 1925–26, nous avions un lotissement de 51 maisons en ciment armé, extrêmement serrées, trop proches l'une de l'autre. (On nous avait imposé un parcellement du sol très réduit). Les enduits au ciment sont d'une tristesse insupportable. Il fallait faire appel à la couleur pour réjouir et surtout pour écarter les maisons l'une de l'autre, ouvrir les perspectives, briser l'étreinte de murs trop proches.

Un groupe d'une vingtaine de maisons forme un enclos rectangulaire. Nous défonçons l'enclos, en peignant de bleu les maisons A (2 = bleu ; 1 = blanc); cette barrière de maisons s'effondre alors vers l'horizon. Mais pour que l'effet soit agissant, nous tenons à fixer les deux bords latéraux du clos, à gauche et à droite; nous peignons ces groupes B, de terre de Sienne brûlée pure (foncée). Le résultat est décisif.

Du côté opposé au groupe bleu, deux maisons barrent la vue de la forêt de pins. Nous les peignons en vert pâle; elles s'enfoncent doucement, liant leur sort à la futaie verte des pins.

2° exemple : La rue principale est cantonnée, d'un côté, par une série de hautes maisons dont les pignons surplombent le trottoir. En perspective, cela fait une masse compacte, une répétition trop serrée, une sensation d'étouffement.

Par la couleur nous allons créer une illusion d'optique et dans l'esprit, une autre appréciation des éléments en présence. Alternativement, les pignons alignés sur la rue seront peints de blanc ou de sienne brûlée pure, – un ton clair, un ton sombre violent. L'œil est joué; il se porte soit sur les pignons blancs, soit sur les bruns; dans les deux cas, il ne mesure que les distances entre blanc ou les dis-

Hence, viewed from either end, the avenue was brown, green and white and in both cases, the green formed a contrast with the brown, yet on the other hand an alliance with the white; the subsequent sensation of space between the brown gables was therefore maximised.

Third example: Several series of eight houses form quadrangular masses alternately punctuated by some facades which are flush with the built block and others that are deeply set back behind a large balcony; beneath this balcony, which is on the upper level, there is a 'storehouse' that is separate to the actual dwelling. Beside this cylindrical storehouse is an open-air, yet sheltered laundry area. Behind the storehouse, still in a sheltered position, one can eat outside. The ebb and flow effect of the facades is created by the sets of eight houses adopting a head-to-tail staggered arrangement. This effective architectural device frees up a certain space between the dwellings and hence prevents over-crowding.

However, the undulating mass of these groups of eight houses created too much of a turbulent, violent, bristly impression – overly sculpted as it were. So how were we able to introduce an element of serenity? By turning this turmoil induced by the plan into limpid, clear volumes; by categorising elements through colour. And by allowing miscellaneous components to express their presence one after the other, in candid fashion. Through colour.

Firstly, the external envelope – a veritable smooth box, flawless and clean cut, was painted in pure sienna. It is to be noted however, that this colour was applied solely to the structural envelope – solely to elements situated at the same level, on the same 'surface plane', to use professional jargon.

tances entre brun, c'est-à-dire, qu'il transmet à l'esprit la notion d'un espace double de celui de la réalité. Le spectateur comptant tantôt le blanc, tantôt le brun, a l'impression d'un nombre considérable de maisons, la rue s'est allongée. Cette démonstration fut éclatante en 1926 où aucun arbre encore n'était planté. De plus, pour aiguiser la sensation colorée, l'une des deux façades contiguës au brun fut peinte de vert pâle, celle contiguë au blanc, fut peinte blanche.
Ainsi vue d'une extrémité ou de l'autre, l'avenue était polychromée brun, vert, blanc et dans les deux cas, le vert s'opposait au brun, mais s'alliait par contre au blanc ; la sensation d'espace entre les pignons bruns était ainsi portée au maximum.

3° exemple : Plusieurs séries de 8 maisons forment des masses quadrangulaires animées alternativement de façades à fleur du bloc, et de façades retraitées fortement derrière un grand balcon; au dessous du balcon qui est à l'étage, se trouve un ‹chai› hors de l'habitation même; à côté de ce chai cylindrique est une installation de buanderie en plein air mais à l'abri ; derrière le chai, à l'abri toujours, on peut manger en plein air. Si le bloc des façades est ainsi mouvementé, c'est que les plans des huit maisons groupées sont disposées en quinconce tête-bêche. Ceci est une puissante ressource architecturale et par ailleurs, les promiscuités de voisinage sont évitées.
Mais la masse accidentée de ces groupes de huit maisons est d'une impression trop mouvementée, violente, hérissée, trop sculptée. Comment ramener le calme ?
En faisant de ce tumulte imposé par le plan une masse limpide et claire; en classant les éléments en présence, au moyen de la couleur. En ne laissant parler les éléments divers que l'un après l'autre et sans ambiguïté. Par la couleur.

Then, anything perpendicular to this brown facade, anything which gave rise to dramatic recesses, was painted in white or pale pink.

The cylindrical storehouses are in dark grey, to attenuate these cavities.

From this point on, the visual sequence is: 1) brown; 2) pink or white; 3) grey. The colours are categorised, generating a peaceful order and clear 'reading' of the building: the calm after the storm." (10)

This research into freeing the planes of the dwelling's regular prism bears a certain similarity to those principles adopted by some architects of the De Stijl movement in Holland.

Tout d'abord, l'enveloppe extérieure, ce qui constitue une véritable boîte lisse, pure, nette, sera peinte de terre de sienne pure. Notons bien ceci : exclusivement le plan enveloppant, exclusivement ce qui est tout à même saillie, au même ‹nu›, pour employer le jargon professionnel. Puis tout ce qui est perpendiculaire à cette façade brune, ce qui provoque ces violents enfoncements, sera peint de blanc ou de rose pâle.

Les chais cylindriques seront en gris assez sombre, pour les effacer.

Les fonctions visuelles s'opèrent dès lors successivement : 1) le brun; 2) le rose ou blanc; 3) le gris. C'est classé; lecture claire, mise en ordre, sérénité : calme après le vacarme.» (10)

Cette recherche qui libère les plans du prisme régulier de la maison, n'est pas sans rappeler les principes appliqués par certains architectes du mouvement De Stijl en Hollande.

Notes

Foreword

(1) Review "L'Esprit Nouveau", Paris 1920–25.

(2) (3) Le Corbusier, Vers une architecture; translated into English by Frederick Etchells as "Towards a New Architecture".

(4) Towards a New Architecture, op. cit., "Mass-Production Houses".

(5) Letter from Henry Frugès to Le Corbusier dated 3 November 1923 (FLC H1-17-1).

(6) In 1922, Le Corbusier set up an architectural practice with his cousin Pierre Jeanneret.

(7) Le Corbusier, Précisions sur un état présent de l'architecture et de l'urbanisme; translated into English by the Massachusets Institute of Technology as Precisions on the Present State of Architecture and City Planning.

(8) Maurice Besset, "Qui était Le Corbusier?", Skira, Genève 1968.

(9) Le Corbusier, "Towards a New Architecture", op. cit.

(10) For example, the housing scheme of the "Cité Industrielle" by Tony Garnier, that Le Corbusier cited as "the happy creation of a system of arrangement of the various plots", "Towards a New Architecture", op. cit.

(11) Le Corbusier. Excerpt from the Quartiers Modernes Frugès presentation brochure designed for the official visit of Monsieur de Monzie, Minister of Public Works, on 13 June 1926. (FLC H1-20-36)

Orientation Guide

(1) 53 houses were planned by Le Corbusier and Pierre Jeanneret for sectors C and D on the original site plan; only 51 dwellings were constructed, 50 of which exist today (one house destroyed in 1942 during the bombing of the railway line).

(2) Le Corbusier, Œuvre complète (Volume 1, 1920–1929), p. 72. "Cité d'Audincourt".

(3) Le Corbusier and Pierre Jeanneret participated in the development scheme for the Place du Monteil. The ZPPAUP regulation, Zone 2: "Original site plan for sectors A and B of the Quartiers Modernes Frugès". At this

Notes

Avant-propos

(1) Revue «L'Esprit Nouveau», Paris 1920–25.

(2) (3) Le Corbusier, Vers une architecture, Ed. Crès, Paris 1923, p. 48 et 33.

(4) Vers une architecture, op. cit., p. 187.

(5) Lettre de Henry Frugès à Le Corbusier, 3/11/23 (FLC H1-17-1).

(6) Dès 1922, Le Corbusier crée un atelier d'architecture avec Pierre Jeanneret, son cousin, architecte.

(7) Le Corbusier, Précisions sur un état présent de l'architecture et de l'urbanisme, Ed. Crès, Paris, 1930, rééd. Altamira, Paris 1994.

(8) Maurice Besset, Qui était Le Corbusier? Skira, Genève 1968.

(9) Le Corbusier, Vers une Architecture, op. cit., p. 143.

(10) Par exemple les Quartiers d'habitation de la Cité industrielle de Tony Garnier, que Le Corbusier cite comme «création heureuse d'un système de lotissement», dans : Vers une Architecture, op. cit., p. 40.

(11) Le Corbusier. Extrait de la plaquette de présentation des Quartiers Modernes Frugès à l'occasion de la visite officielle de M. de Monzie, Ministre des Travaux Publics, 13/06/1926 (FLC H1-20-36).

Parcours de visite

(1) 53 maisons sont projetées par Le Corbusier et Pierre Jeanneret pour les secteurs C et D du plan masse d'origine ; 51 maisons seulement seront construites et 50 subsistent aujourd'hui, (destruction d'une maison en 1942 au cours du bombardement de la voie ferrée).

(2) Le Corbusier, Œuvre complète, volume 1, 1910–1929, p. 72. Cité d'Audincourt.

(3) Participation de Le Corbusier et Pierre Jeanneret au dessin d'aménagement de la place du Monteil. Le règlement de la ZPPAUP, Zone 2 : «Plan masse d'origine des Quartiers Modernes Frugès secteurs A & B», prévoit à ce point, article 9.7., que «le marquage de cette limite... sera matérialisé par un profil scellé dans le sol, et portant l'inscription : QMF - LC

point (article 9.7) it is indicated that "the markings of this limit will be materially defined as a steel section embedded in the ground, bearing the inscription: "Q.M.F. - LC & PJ - 1924–1930".

(4) Œuvre complète (Volume 1, 1920–1929), op. cit., p. 43, "cavity-wall" housing estate for garden cities. Le Corbusier, "Towards a New Architecture", op. cit., p. 250, "New Dwellings at Bordeaux. A first group in course of construction".

(5) See chapter entitled "The Project's History", The Lège Experiment.

(6) Le Corbusier, "Œuvre complete" (Volume 1, 1920–1929), op. cit., p. 69, "Standardised Housing".

(7) Le Corbusier, "Towards a New Architecture", op. cit., p. 236, "Mass-Production Houses": "Dwellings, urban and suburban, will be enormous and square-built and no longer a dismal congeries; they will incorporate the principle of mass-production and of large-scale industrialization. It is even possible that building to measure" will cease. Le Corbusier, "Towards a New Architecture", op. cit., p. 256, orthogonal housing scheme, Cité Audincourt: "All the houses are constructed of standardized elements, forming a ,cell' type. The plots are all equal, the arrangement regular. Architecture is very well able to express itself in a precise fashion."

(8) The regulatory framework drawn up by the "Zone de Protection du Patrimoine Architectural, Urbain et Paysager" (protection zone for architectural, urban and landscaped national heritage) laid down strict constraints pertaining to public use of property that lay within a 500-metre span of listed historical monuments.

(9) "Pessac. Le Corbusier. Sauvegarde et réhabilitation des Q.M.F.", 1985; study by M. Ferrand, J.P. Feugas and B. Le Roy, in conjunction with M.C. Riffault and J.L. Veyret.

(10) Le Corbusier, Urbanisme, Paris 1995; translated into English as "The City of Tomorrow".

(11) (12) Restoration work carried out following the first findings of the preparatory study after creation of the ZPPAUP.

(13) P. Boudon, Pessac de Le Corbusier (1927–1967), Ed. Dunod, Paris 1985, p. 154.

& PJ - 1924–1930.

(4) Œuvre complète, volume 1, op. cit., p. 43. Lotissement à «alvéoles» pour cités-jardins. Le Corbusier, Vers une architecture, op. cit., p. 211. «Nouveaux Quartiers Frugès» à Bordeaux. Un premier groupe en construction.

(5) Voir : Chapitre «Histoire d'un projet». L'expérience de Lège.

(6) Œuvre complète, volume 1, op. cit., p. 69. La maison standardisée.

(7) Le Corbusier, Vers une architecture, op. cit., p. 193. Maisons en série. «Les lotissements urbains et suburbains seront vastes et orthogonaux et non plus désespérément biscornus. Ils permettront l'emploi de l'élément de série et l'industrialisation du chantier. L'on cessera peut-être enfin de construire sur mesure». Lotissement orthogonal. Cité Audincourt. «Toutes les maisons sont construites avec des éléments standart, constituant une cellule type. Les lots sont égaux ; l'ordonnance est régulière. L'architecture a toute latitude pour s'y exprimer précisément avec aisance».

(8) Dans le cadre des règles édictées par le cahier des charges de la Zone de Protection du Patrimoine Architectural, Urbain et Paysager, servitude d'utilité publique qui se substitue au périmètre de 500 m pour la protection des Monuments Historiques.

(9) Pessac. Le Corbusier. Sauvegarde et réhabilitation des QMF. Etude de M. Ferrand, J.P Feugas, B. Le Roy avec M.C. Riffault et J.L. Veyret, 1985.

(10) Le Corbusier, Urbanisme, Ed. Arthaud, Paris 1995.

(11) (12) Restauration menée suivant les premières conclusions de l'étude préparatoire à la création de la ZPPAUP.

(13) P. Boudon, Pessac de Le Corbusier (1927–1967), Ed. Dunod, Paris 1985, p. 154.

(14) Remarque : les couleurs ne correspondent pas à celles décrites par Le Corbusier et mises en œuvre sur le chantier.

(15) Œuvre complète, volume 1, op. cit., p. 77. Appel aux industriels.

(16) Œuvre complète, volume 1, op. cit., p 128. Les 5 points d'une architecture nouvelle : Les toits-jardins.

(14) Note: the colours do not correspond with those described by Le Corbusier and applied during construction.

(15) Œuvre complète (Volume 1, 1910–1929), op. cit., p. 77, "Appel aux industriels".

(16) Œuvre complète (Volume 1, 1910–1929), op. cit., p. 128, The Five Points of a New Architecture: "The roof gardens".

(17) Le Corbusier, Œuvre complète (Volume 1, 1910–1929), op. cit., p. 82, Pessac 1925.

(18) J. Sbriglio, Le Corbusier: The Villas La-Roche-Jeanneret, Basel, Boston, Berlin 1997.

(19) Le Corbusier, Œuvre complète (Volume 1, 1910–1929), op. cit., p. 86, Pessac 1925.

The Project's History

(1) Letter dated 3 November 1923 from Henry Frugès to Le Corbusier (FLC H1-17-1).

(2) Letter dated 7 December 1923 from Le Corbusier to Henry Frugès (FLC H1-18-155).

(3) Architecture d'Aujourd'hui, No. 51, special issue on Le Corbusier, Nov. 1965, p. 24.

(4) Letter dated 7 August 1924 from Le Corbusier to Henry Frugès (FLC H1-17-125).

(5) Letter dated 9 October 1924 from Henry Frugès to Le Corbusier (FLC H1-19-148).

(6) Letter dated 7 August 1924 from Le Corbusier to Henry Frugès (FLC H1-17-125).

(7) Adoption of the Pessac ZPPAUP objectives and intervention plan.

(8) Letter to the mayor of Pessac.

(9) Architecture d'Aujourd'hui, No. 51, special issue on Le Corbusier, Nov. 1965, p. 14. Excerpt from the memoirs of Amédée Ozenfant 19171922. "I invited him (Le Corbusier) to come and spend several days with us. In early September, I was waiting for him at Bordeaux station where we had planned to take the train together for Andernos, our weekend retreat. I read out my notes on purism to my new friend, and proposed pooling our ideas and friends, signing our writings with both our names and exhibiting our works together. He accepted under one condition: contrary to the customary practice of using alphabetical order,

(17) Œuvre complète, volume 1, op. cit., p. 82. Pessac 1925.

(18) J. Sbriglio, Les Villas La Roche-Jeanneret, Basel, Boston, Berlin 1997.

(19) Œuvre complète, volume 1, op. cit., p. 86. Pessac 1925.

Histoire d'un projet

(1) Lettre de Henry Frugès à Le Corbusier, 3/11/1923 (FLC H1-17-1).

(2) Lettre de Le Corbusier à Henry Frugès, 7/12/1923 (FLC H1-18-155).

(3) Architecture d,aujourd'hui, no. 51, spécial «Le Corbusier», nov. 1965, p. 24.

(4) Lettre de Le Corbusier à Henry Frugès, 7/8/1924 (FLC H1-17-125).

(5) Lettre de Henry Frugès à Le Corbusier, 9/10/1924 (FLC H1-19-148).

(6) Lettre de Le Corbusier à Henry Frugès, 7/8/1924 (FLC H1-17-125).

(7) Reprenant la doctrine d'intervention et les objectifs de la ZPPAUP de Pessac.

(8) Lettre au maire de Pessac.

(9) Architecture d'aujourd'hui, no. 51 spécial «Le Corbusier», nov. 1965, p. 14. Extrait des Mémoires d'Amédée Ozenfant 1917–1922. «Je l'invitais (Le Corbusier) à venir passer quelques jours avec nous. Au début de septembre, je l'attendis à la gare de Bordeaux pour prendre ensemble le train d'Andernos, où nous passions les week-ends. Je lus à mon nouvel ami mes notes sur le purisme, lui proposai de mettre en commun nos idées et nos amis, et de signer ensemble nos écrits, d'exposer collectivement. Il accepta sous une condition : contrairement à l'usage de l'ordre alphabétique que je proposais, il voulait que nous signions Ozenfant et Jeanneret, puisque j'étais le promoteur, que j'avais déjà manifesté en peinture et dans la presse et qu'il était un nouvel émigrant de Suisse absolument inconnu. D'ailleurs il ne voulait entrer dans la peinture que discrètement afin de ne pas risquer de compromettre sa carrière d'architecte, la peinture étant dans l'esprit des clients une activité beaucoup moins sérieuse que celle de bâtisseur».

he wanted us to sign Ozenfant and Jeanneret, since I was promoting the work, had already exhibited paintings, and my writings had been published in the press, whereas he was a totally unknown newcomer from Switzerland. In addition, he wanted very little publicity about his painting, as he felt this could compromise his architectural career, since in the eyes of clients, painting was a much less serious activity than building."

(10) 1894: passage of the Siegfried Act. Creation of regional social housing committees. 1895: "Congrès national des H.B.M." (national social housing convention), Bordeaux; Chairman: Ch. Cazalet.

(11) Passage of the Loucheur Act on 13 July 1928.

(12) Law enacted on the eight-hour working day in 1919.

(13) Œuvre complète (Volume 1, 1910–1929), op. cit., p. 34.

(14) Report by the municipal surveyor, Bouny, dated 1st September 1925 (FLC H1-17-139).

(15) Le Corbusier, Towards a New Architecture, op. cit., "Cavity-wall" housing estate for garden cities.

(16) Excerpt from a presentation brochure drawn up by Henry Frugès in November 1928. "Gardens and terraces. For the gardens, each individual is free to do what he wills; however we invite purchasers to study the plans drawn up by Messrs. Le Corbusier and Jeanneret" (FLC H1-20-43).

(17) Œuvre complète (Volume 1, 1910–1929), op. cit., p. 69.

(18) Œuvre complète (Volume 1, 1910–1929) op. cit., p. 128, The Pilotis: "There is no longer the front of a house or the rear of a house; the house is in the air!".

(19) Le Corbusier, Towards a New Architecture op. cit., "Three reminders to Architects".

(20) ibid. 15.

(21) Le Corbusier, Towards a New Architecture op. cit., p. 53; comment on the housing scheme taken from the "Cité Industrielle", Tony Garnier, Lyon.

(10) 1894 Loi Siegfried. Création des Comités Départementaux d'H.B.M. 1895 Congrès National des H.B.M. à Bordeaux. Président : Ch. Cazalet.

(11) Loi Loucheur. 13/07/1928

(12) Loi sur les huit heures de travail. 1919

(13) Œuvre complète, volume 1, op. cit., p. 34.

(14) Rapport de l'agent-voyer cantonal Bouny, le 1/9/1925 (FLC H1-17-139).

(15) Le Corbusier, Vers une architecture, op. cit., p. 211. Lotissement à «alvéoles» pour cités-jardins.

(16) Extrait d'une plaquette de présentation conçue par Henry Frugès en novembre 1928. «Jardins et terrasses. Pour les jardins, nous laissons le soin et la fantaisie de chacun s'exercer librement ; mais nous tenons à la disposition des acquéreurs les plans dressés par MM Le Corbusier et Jeanneret» (FLC H1-20-43).

(17) Œuvre complète, volume 1, op. cit., p. 69.

(18) Œuvre complète, volume 1, op. cit., p. 128. Les pilotis. «Il n'y a plus de devant de maison, ni de derrière de maison ; la maison est au-dessus!»

(19) Le Corbusier, Vers une architecture, op. cit., p. 16. Trois rappels à messieurs les architectes.

(20) ibid. 15.

(21) Le Corbusier, Vers une architecture, op. cit., p. 40. Quartier d'habitation extrait de la Cité Industrielle Tony Garnier.

(22) Plaquette de présentation conçue par Henry Frugès en 1928. «... l'aspect extérieur ne plait pas toujours au premier abord ; mais l'expérience nous a prouvé que l'œil s'habitue très vite à ces formes simples et pures.» (FLC H1-20-43).

(23) (24) Œuvre complète, volume 1, op. cit., p. 128.

(25) Plaquette de présentation de Henry Frugès. Le chauffage central.

(26) Le Corbusier, Vers une architecture, op. cit., p. 80. «La maison des terriens est l'expression d'un monde périmé à petites dimensions. Le paquebot est la première étape dans la réa-

(22) Presentation brochure drawn up by H. Frugès in 1928: "the exterior aspect is not always immediately pleasing to the eye; but experience has proved to us that the eye becomes very quickly accustomed to these simple, pure forms" (FLC H1-20-43).

(23) (24) Œuvre complète (Volume 1, 1910–1929) op. cit., p. 128.

(25) Presentation brochure by H. Frugès: "Central heating…".

(26) Le Corbusier, Towards a New Architecture, op. cit., p.103: "The house of the earth-man is the expression of a circumscribed world. The steamship is the first stage in the realization of a world organized according to the new spirit".

(27) This detail had already appeared in the Maison Citrohan, Œuvre complète (Volume 1, 1910–1929), op. cit., p. 45.

(28) Le Corbusier, Towards a New Architecture op. cit., p. 129/131: "Eyes which do not see…Automobiles…", "We must aim at the fixing of standards in order to face the problem of perfection".

History of the Construction Process
History of a Neighbourhood

(1) Letter from Henry Frugès to Le Corbusier dated 1st October 1925 on the piping plans (FLC H1-17-140).

(2) Letter from Henry Frugès to Le Corbusier dated 11 March 1926 (FLC H1-17-161).

(3) Letter from Henry Frugès to Le Corbusier dated 16 March 1926 (FLC H1-19-259).

(4) Letter from Henry Frugès to Le Corbusier dated 6 January 1926 (FLC H1-17-190).

(5) Letter from Le Corbusier to Henry Frugès dated 16 February 1927 (FLC H1-17-84).

(6) Letter from Gabriel (Chairman of the residents' association for the housing estate) to Le Corbusier dated 16 June 1931 (FLC H1-20-12).

The Lesson of Pessac

(1) P. Boudon, Pessac de Le Corbusier, op. cit.,

(2) (3) Le Corbusier, Une encyclopédie, Centre

lisation d'un monde organisé selon l'esprit nouveau.»

(27) Ce détail apparaît déjà dans la Maison Citrohan. Œuvre complète, volume 1, op. cit., p. 45.

(28) Le Corbusier, Vers une architecture, op. cit., p. 103. «Des yeux qui ne voient pas... Les autos.», «Il faut tendre à l'établissement de standarts pour affronter le problème de la perfection».

Histoire d'un quartier
Histoire d'un chantier

(1) Lettre de Henry Frugès à Le Corbusier, 1/10/1925 (FLC H1-17-140).

(2) Lettre de Henry Frugès à Le Corbusier, 11/3/1926 (FLC H1-17-161).

(3) Lettre de Henry Frugès à Le Corbusier, 16/3/1926 (FLC H1-19-259).

(4) Lettre de Henry Frugès à Le Corbusier, 6/1/1926 (FLC H1-17-190).

(5) Lettre de Le Corbusier à Henry Frugès, 16/2/1927 (FLC H1-17-84).

(6) Lettre de Gabriel (Président du syndicat des habitants de la cité) à Le Corbusier. 16/6/1931 (FLC H1-20-12).

Les leçons de Pessac

(1) P. Boudon, Pessac de Le Corbusier, op. cit.

(2) (3) Le Corbusier, Une encyclopédie, Centre Georges Pompidou, Paris 1987, p. 307 et 306.

(4) Œuvre complète, volume 1, op. cit. Pessac.

(5) Le Corbusier, Vers une architecture, op. cit.

(6) Le Corbusier, Almanach d'Architecture Moderne, Ed. Crès, Paris 1925.

(7) Le Corbusier, Précisions sur un état présent de l'architecture et de l'urbanisme, Ed. Crès, Paris.

(8) Le Corbusier, Les tendances de l'architecture rationaliste en rapport avec la collaboration de la peinture et de la sculpture. Conférence à Rome, le 25/31 octobre 1936.

Georges Pompidou, Paris 1987, p. 307 and 306.

(4) Œuvre complète (Volume 1, 1910–1929), op. cit., Pessac.

(5) Le Corbusier, Towards a New Architecture, op. cit., p. 45.

(6) Le Corbusier, Almanach d'Architecture Moderne, Ed. Crès, Paris 1925.

(7) Le Corbusier, Précisions sur un état présent de l'architecture et de l'urbanisme, op. cit.

(8) Le Corbusier, The trends of rationalist architecture in association with painting and sculpture; conference in Rome, 25–31 October 1936.

(9) Le Corbusier and P. Jeanneret, "L'architecture vivante", first edition, Ed. Morancé, Paris 1927.

(10) FLC B 1-18 (95).

(9) Le Corbusier et P. Jeanneret. L'architecture vivante. 1ère série, Ed. Morancé, Paris 1927.

(10) FLC B 1-18 (95).

Bibliography / Bibliographie

Besset, Maurice, Qui était Le Corbusier ?, Ed. Skira, Genève 1968.

Boudon P., Pessac de Le Corbusier (1927–1967), Ed. Dunod, Paris 1985.

Ferrand M., Feugas J.P. Le Roy B., en collaboration avec M.C. Riffault et J.L. Veyret, Pessac. Le Corbusier. Sauvegarde et réhabilitation des Quartiers Modernes Frugès, Paris 1985.

Le Corbusier, Vers une architecture (1923), Ed. Arthaud, Paris 1995.

Le Corbusier, Almanach d'Architecture Moderne, Ed. Crés, Paris 1925.

Le Corbusier et P. Jeanneret, L'architecture vivante, Ed. A. Morancé, Paris 1927.

Le Corbusier, Précisions sur un état présent de l'architecture et de l'urbanisme (1930), Ed. Altamira, 1994.

Le Corbusier, Urbanisme, Ed. Arthaud, Paris 1995.

Le Corbusier, Une encyclopédie, Centre Georges Pompidou, Paris 1987.

Taylor B.B., Le Corbusier et Pessac 1914–1928, Fascicules 1 et 2, Ed. FLC/Harvard

Illustration Credits / Crédits Iconographiques

All illustrations reproduced in this book have been taken from the Archives of the Fondation Le Corbusier, Paris (except photos on pages 17, 117, and the plans on pages 124, 125 which are by the authors).

Tous les documents iconographiques de cet ouvrage sont issus des archives de la Fondation Le Corbusier, Paris (à l'exception des photographies des pages 17, 117, et des dessins des pages 124, 125 qui sont des auteurs).

L'Œuvre de Le Corbusier chez Birkhäuser V/A
The Works of Le Corbusier published by Birkhäuser V/A

Le Corbusier
Œuvre complète/Complete Works
8 volumes
Français/English/Deutsch

Volume 1: 1910–1929
W. Boesiger, O. Stonorov (Ed.). 216 pages,
600 illustrations. Relié/hardcover,
ISBN 3-7643-5503-4

Volume 2: 1929–1934
W. Boesiger, H. Girsberger (Ed.). 208 pages,
550 illustrations. Relié/hardcover,
ISBN 3-7643-5504-2

Volume 3: 1934–1938
M. Bill (Ed.). 176 pages, 550 illustrations.
Relié/hardcover, ISBN 3-7643-5505-0

Volume 4: 1938–1946
W. Boesiger (Ed.). 208 pages, 259 illustrations.
Relié/hardcover, ISBN 3-7643-5506-9

Volume 5: 1946–1952
W. Boesiger (Ed.). 244 pages, 428 illustrations.
Relié/hardcover, ISBN 3-7643-5507-7

Volume 6: 1952–1957
W. Boesiger (Ed.). 224 pages, 428 illustrations.
Relié/hardcover, ISBN 3-7643-5508-5

Volume 7: 1957–1965
W. Boesiger (Ed.). 240 pages, 459 illustrations.
Relié/hardcover, ISBN 3-7643-5509-3

Volume 8: 1965–1969
W. Boesiger (Ed.). Textes par/texts by A.
Malraux, E. Claudius Petit, M. N. Sharma, U. E.
Chowdhury. 208 pages, 50 couleur/colour, 254
b/n, b/w illustrations. Relié/hardcover,
ISBN 3-7643-5510-7

Le Corbusier: Œuvre complète/
Complete Works
8-volume set. En cassette/boxed. 1708 pages,
2687 photos, esquisses/sketches, plans.
Relié/hardcover, ISBN 3-7643-5515-8

Le Corbusier 1910–1965
W. Boesiger, H. Girsberger (Ed.). Français/Eng-
lish/Deutsch. 352 pages, 248 photos, 179
plans, 105 esquisses/sketches. Relié/hardcover,
ISBN 3-7643-5511-5

Le Corbusier
Une petite maison
Textes et mise en page par Le Corbusier/writ-
ten and designed by Le Corbusier. Français/
English/Deutsch. 84 pages, 72 b/w illustra-
tions. Brochure/softcover
ISBN 3-7643-5512-3

Le Corbusier
Willi Boesiger (Ed.). Français/Deutsch. 260
pages, 525 illustrations. Brochure/softcover
ISBN 3-7643-5930-7

Immeuble 24 N.C. et Appartement
Le Corbusier /
Apartment Block 24 N.C. and
Le Corbusier's Home
Guides Le Corbusier
Jacques Sbriglio. Français/English. 120 pages,
67 b/w illustrations. Brochure/softcover
Co-edition Fondation Le Corbusier /
Birkhäuser V/A
ISBN 3-7643-5432-1

Le Corbusier:
Les Villas La Roche-Jeanneret
The Villas La Roche-Jeanneret
Guides Le Corbusier
Jacques Sbriglio. Français/English. 144 pages,
14 coloured and 66 b/w illustrations.
Brochure/softcover
Co-edition Fondation Le Corbusier /
Birkhäuser V/A
ISBN 3-7643-5433-X

Le Corbusier:
La chapelle de Ronchamp
The Chapel at Ronchamp
Guides Le Corbusier
Danièle Pauly. 144 pages, 15 coloured and 60
b/w illustrations.
Brochure/softcover
Co-edition Fondation Le Corbusier /
Birkhäuser V/A
ISBN 3-7643-5759-2 (English/French)
ISBN 3-7643-5760-6 (German/Italian)

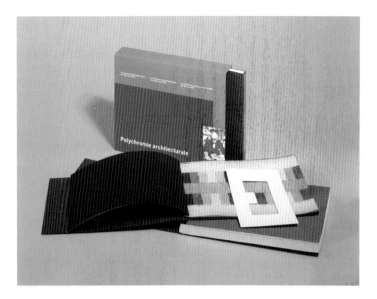

Le Corbusier – Polychromie architecturale.
Le Corbusier's "Color Keyboards" from 1931 and 1959
Français/English/Deutsch
Arthur Rüegg (Ed.)
3 volumes in slipcase
Vol. 1: 176 pages, 34 b/w, 79 colour illustrations and sketches. Original texts by Le Corbusier and a fundamental introductory text by Arthur Rüegg. Stitched softcover.
Vol. 2: 13 sample cards bearing 63 colour shades in total, reproduced in true colour through a high-quality printing process, glued by hand; 4 separate slide bands in a flap. Stitched softcover.
Vol. 3: 63 full colour plates for practical use, reproduced in true colour through a high-quality printing process. Stitched softcover.
ISBN 3-7643-5612-X

The Color Cards from Le Corbusier's Polychromie architecturale
Arthur Rüegg (Ed.).
63 true color cards, 23.5 x 9.5 cm, in slipcase.
ISBN 3-7643-5911-0

Birkhäuser – Publishers for Architecture
Viaduktstrasse 40-44
P.O. Box 133
CH-4010 Basel
Switzerland